Aos meus irmãozinhos

Dados Internacionais de Catalogação na Publicação (CIP)
(Câmara Brasileira do Livro, SP, Brasil)

Foucauld, Charles de, 1858-1916
  Aos meus irmãozinhos / Charles de Foucauld ;
tradução de Maria Ferreira. – Petrópolis, RJ : Vozes, 2020. –
(Série Clássicos da Espiritualidade)

  Título do original em francês: Aux plus petits de mes frères
  ISBN 978-85-326-6480-8

  1. Bíblia. Evangelhos – Meditações I. Título. II. Série.

20-34304   CDD-226.06

Índices para catálogo sistemático:
1. Evangelhos : Leitura   226.06

Cibele Maria Dias – Bibliotecária – CRB-8/9427

Charles de Foucauld

Aos meus irmãozinhos

Tradução de Maria Ferreira

Petrópolis

Título do original em francês: Aux plus petits de mes frères

2020, Editora Vozes Ltda.
Rua Frei Luís, 100
25689-900 Petrópolis, RJ
Brasil

Todos os direitos reservados. Nenhuma parte desta obra poderá ser reproduzida ou transmitida por qualquer forma e/ou quaisquer meios (eletrônico ou mecânico, incluindo fotocópia e gravação) ou arquivada em qualquer sistema ou banco de dados sem permissão escrita da editora.

CONSELHO EDITORIAL

Diretor
Gilberto Gonçalves Garcia

Editores
Aline dos Santos Carneiro
Edrian Josué Pasini
Marilac Loraine Oleniki
Welder Lancieri Marchini

Conselheiros
Francisco Morás
Ludovico Garmus
Teobaldo Heidemann
Volney J. Berkenbrock

Secretário executivo
João Batista Kreuch

Editoração: Elaine Mayworm
Diagramação: Sheilandre Desenv. Gráfico
Revisão gráfica: Alessandra Karl
Capa: Editora Vozes
Ilustração de capa: Lúcio Américo de Oliveira

ISBN 978-85-326-6480-8 (Brasil)
ISBN 2-85313-002-9 (França)

Editado conforme o novo acordo ortográfico.

Este livro foi composto e impresso pela Editora Vozes Ltda.

Sumário

Prefácio, 7

Mateus, 13

Marcos, 95

Lucas, 149

Prefácio

Charles de Foucauld figura entre os principais místicos dos últimos séculos e agora também participa da série *Clássicos da Espiritualidade*. Sem a pretensão de trazer uma biografia do autor queremos oferecer algumas informações que nos parecem ser preciosas para o melhor entendimento da obra *Aos meus irmãozinhos*. Nascido em Estrasburgo, na França, em 1858, Foucauld, que é conhecido por sua vida mística e de profunda vivência dos conselhos evangélicos, foi também oficial do exército francês, além de geógrafo e explorador, vivendo sempre com intensidade e radicalidade.

Sua família era nobre e ofereceu ao pequeno Charles uma forte influência religiosa. A mãe de Foucauld, Elisabeth, era profundamente católica e foi responsável pela educação da fé dos filhos. Mas as experiências religiosas do jovem Charles não foram tão profícuas. Órfão de pai e mãe desde os seis anos, foi criado pelos avós maternos e logo ingressou na escola militar de Sainte--Geneviève, administrada pelos jesuítas, onde se opôs às práticas religiosas.

Os problemas familiares e a falta de identificação com os estudos, além da morte de seu avô, levaram--no a uma vida sem muitas perspectivas. Emancipado e com a herança de seu avô, Charles passa a aproveitar das benesses da vida parisiense. Foi também na década de 1880 que ele viveu um relacionamento com Marie Cardinal, atriz parisiense. Por uma conduta que era considerada incompatível com a pertença à escola militar, Charles de Foucauld foi condenado à prisão disciplinar.

Ainda como militar, Foucauld foi enviado para a Argélia Francesa, onde novamente foi condenado à prisão – agora por trinta dias – por sua conduta não aceitável. Posteriormente juntou-se a combatentes do sul de Oran, e foi durante esse período que conheceu François-Henry Laperrine, de quem se tornou amigo. Podemos entender esse período, no início da década de 1880, como um momento paradigmático na vida de Charles.

Ele se mudou para a Argélia em 1882 e lá preparou sua viagem ao Marrocos, estudando árabe e a língua islã. Também estudou hebraico, pois para ir ao Marrocos teve que se fingir judeu. Para isso foi auxiliado pelo Rabino Mardochée Aby Serour.

O contato com o norte da África e com o Oriente Médio lhe trouxeram significativas experiências. Em 1888 fez uma expedição geográfica ao Marrocos, o que lhe rendeu uma de suas mais conhecidas publicações, *Reconnaissance au Maroc*. O contato com o Islã e com a leitura do Alcorão o fizeram se distanciar de leituras convencionais. Aos poucos Charles se reaproximou do cristianismo, voltando a frequentar a Paróquia de Santo Agostinho, em Paris, onde passou a ter contato com o Padre Henry Huvelin. Provavelmente foi Huvelin que influenciou Foucauld na leitura dos evangelhos.

Sua peregrinação à Terra Santa, em 1888 e 1889, exerceu sobre ele forte influência mística, sendo relevante, nesse período, sua estadia em Nazaré, no início de 1889. Em 1890, tornou-se religioso trapista e partiu para a Síria. A partir desse período Foucauld passou a mostrar apreço pela vida de pobreza e abnegação. Depois de várias experiências que contaram com a orientação do Padre Huvelin, seu diretor espiritual, e que incluíram seis anos vividos como monge trapista, Foucauld iniciou uma longa peregrinação à Nazaré.

Em 1897 Foucauld deixou os trapistas e mudou para Nazaré, onde por três anos se dedicou à leitura dos evangelhos. Hospedado no Mosteiro de Santa Clara, ofereceu seus serviços de jardinagem em troca de abrigo e alimentação. Nesse contexto é que se encontra a obra *Aos meus irmãozinhos* – publicada originalmente em 1973 –, dentro de um conjunto de obras espirituais de Foucauld. Esse foi o período de maior produção literária de Foucauld que resultaram em milhares de páginas.

Nazaré é entendida na perspectiva da *kenosis*, do abaixamento de Deus que assume a pequenez da condição das criaturas. Ao viver em Nazaré, Jesus se faz pequeno. Trata-se do absurdo da encarnação que perpassa pela loucura da cruz e o mistério da morte e ressurreição.

Também é a vida de Jesus em Nazaré que mostra a vivência cotidiana do Evangelho e do mistério de Deus. Ora, o mistério não se configura por ser somente aquilo que não consegue ser explicado. Trata-se, antes, daquilo que, mesmo sem explicar, possibilita uma vivência profunda e um encontro com Deus. Assim Foucauld trata do mistério de Nazaré: é o Deus onipotente que se faz pequeno, cotidiano, afável e amoroso. Como entender isso? Não se trata somente de entender, mas sobretudo de lançar-se na vivência de um amor que é pleno porque é despojado.

O mistério de Nazaré motivou Charles a ir para o deserto. Em 1901 ele partiu para Beni Abbès, uma pequena região da Argélia próxima à fronteira com o Marrocos. Trata-se de um momento de transição que o levou, em 1905, a Tamanrasset, um pequeno povoado com aproximadamente vinte cabanas, onde Foucauld conviveu até seu assassinato, em 1916. Toda a experiência africana de Foucauld, seja em Beni Abbès, seja com o povo Touareg, foi motivada pelo mistério de Nazaré.

Após o período vivido em Nazaré, já em 1901, Foucauld foi ordenado presbítero da Diocese de Viviers, mas com licença para morar na África. Sua vida de oração, caridade e presença cristã serviu de fértil motivação para a maioria de seus escritos espirituais. Contudo, seu sonho de fundar uma congregação foi frustrado pela falta de adeptos. Isso fez com que ele decidisse viver o anúncio do Evangelho junto às populações locais da Argélia. Em 1905 decidiu ir para o sul, vivendo junto com os Touareg.

As obras de Charles de Foucauld estão relacionadas à sua vida de eremitério. A maioria de seus escritos está em forma de diários espirituais que tomam como motivação o tempo litúrgico ou mesmo leituras bíblicas isoladas. Muitos de seus escritos são comentários bíblicos, sobretudo dos evangelhos. Eles foram organizados na década de 1970 pela Editora Nouvelle Cité, de onde tomamos a base para a tradução.

Aos meus irmãozinhos é uma obra sobre a caridade e a vivência do Evangelho, tendo como inspiração a fraternidade vivenciada por Jesus ainda enquanto estava em Nazaré. Para Foucauld, Nazaré não é o prenúncio do Evangelho, mas já se trata de sua mensagem. A caridade, por sua vez, é vista como abertura universal a todo ser humano. O anúncio do Evangelho não se reduz às palavras pronunciadas, mas à presença misericordiosa do cristão.

Nazaré está em todo lugar... trata-se da vivência cotidiana, *kenótica* que nos possibilita adentrar no mistério do Deus que, mesmo sendo grandioso, faz-se pequeno, em uma criança que vivia na periferia, na Galileia, mais especificamente em Nazaré. É o simples e desprezível que mostra a glória de Deus.

Charles de Foucauld foi assassinado em 1916 na porta de seu eremitério por um grupo de saqueadores. Sua beatificação aconteceu em 2005 pelo Papa Bento XVI e em 2020 o Papa Francisco anunciou a aprovação de sua canonização. Sua memória litúrgica é celebrada no dia 1º de dezembro.

Welder Lancieri Marchini

Editor Vozes

Mateus

1 "Ela deu à luz o seu primogênito" (Mt 1,25).

Amor a Deus. Vir à terra pela encarnação, vir ao mundo pelo nascimento, eis teus primeiros atos sobre a terra, ó meu Senhor Jesus! Tu nos ensinas o amor a Deus, pois *tudo o que fazes, fazes na intenção de Deus.* Tudo o que fazes, fazes porque é a vontade de Deus: "Meu alimento é fazer a vontade de meu Pai"[1]. ...Em todos os instantes de tua vida, tua vontade foi conforme à vontade divina, e os pensamentos, as palavras, as ações regrados segundo essa divina vontade. ...Na verdade, não dependeu da tua natureza humana estar unida ao Verbo na encarnação, nem nascer... Mas embora tua encarnação e teu nascimento tenham sido obra unicamente da vontade divina, tua vontade humana a ela se associou plenamente, em todos os momentos de sua existência... Tão logo tua santa humanidade começa a ser, ó Senhor, ela nos dá então o exemplo da mais perfeita obediência a Deus, dessa obediência que é o sinal do perfeito amor, e do qual Tu dirás: "Aquele que me obedece é esse que me ama"[2]. ...Demonstras essa obediência em todos os instantes de tua vida, "teu alimento será fazer a von-

---

1. Jo 4,34.
2. Jo 14,15.

tade de teu Pai"[3]; o que é justo, pois deves devolver a Deus o que recebeste de Deus, e recebeste tudo dele; o que é sábio, pois a sabedoria ordena amar cada coisa segundo seu preço, e como Deus tem um preço infinito – comparado ao qual todas as criaturas são como um vazio –, e como só Deus tem "o ser", Ele merece todo nosso amor, que o absorve por completo e exige por si só todo nosso coração; é a vontade de Deus cujo primeiro mandamento é "amá-lo de todo coração"[4]. ...Tu amas a Deus, Senhor Jesus, amas a Deus perfeitamente, Tu, que em toda a tua vida humana não deixaste de vê-lo face a face... e teus atos se fazem pelo seu amor e em seu amor, pois quando nasces, vives, morres pelos homens, certamente ages repleto de amor por todos os seres, mas infinitamente mais repleto de amor por Deus; e, como é justo, fazes essas coisas porque Deus quer que as faças; se Ele quisesse outras em vez dessas, Tu farias outras e não essas, pois Ele é digno de todo louvor, de todo amor, de toda glória; Ele é o Bem-amado do teu coração. "O primeiro mandamento é amar a Deus de todo coração e com todas as forças"[4]. ...Todos os teus atos, pensamentos, palavras e ações em todos os instantes de tua vida, tu os fazes então, ó meu Deus, no amor de Deus, por amor a Deus e obedecendo à vontade de Deus... Todos os teus instantes, pensamentos, palavras e ações são então exemplos de amor a Deus. ...Ó Senhor, faze com que sigamos esses exemplos! Faze com que todos os nossos instantes, nossos pensamentos, nossas palavras, nossas ações sejam no amor a Deus e pelo seu amor, e segundo a sua vontade. Amém, amém, amém!

___

3. Cf. Jo 4,34.

4. Mt 22,37.

Amor aos homens. Sem dúvida, meu Deus, o primeiro resultado da encarnação e do nascimento de Jesus foi vossa glória, e o bem de todos foi apenas o segundo; não foi o desejo de ver vossa glória aumentada que, no entanto, vos fez criar o mundo, encarnar vosso verbo e nascer Jesus; quereis vossa glorificação porque é justo; mas não foi o desejo dela que vos impulsionou em vossas obras: o que vos levou a encarnar vosso Filho, a fazê-lo nascer foi o desejo de fazer com que outros seres além de vós participassem das riquezas de vossa felicidade, de espalhar benefícios, de trazer felicidade, pois mesmo não necessitando de nada vossa bondade vos levou a espalhar livremente nas criaturas a existência e a felicidade. Para reparar o gênero humano degradado vós, em vossa misericórdia, escolhestes um meio conforme à vossa perfeição, à vossa bondade infinita, à vossa infinita beleza. ...Destes a todos, ó Deus de bondade, uma marca de bondade, de amor incomparável, ao enviar à terra vosso Verbo unido a uma natureza humana, para aqui viver entre os homens, ensiná-los, sofrer e morrer por eles! ...Realizastes, ó Deus de Beleza, uma obra de uma beleza maravilhosa e divina ao criar a natureza humana de Jesus, unida à segunda pessoa da Santíssima Trindade, ao fazer um Homem-Deus, obra-prima da criação, que é ao mesmo tempo Deus perfeito e homem perfeito; ...e no momento certo criastes a obra-prima das puras criaturas, sua Santa Mãe, por si só mais perfeita do que todas vossas outras criaturas reunidas, excetuando-se a humanidade de Jesus. ...Oh! Como vossas obras são belas, misericordiosas! Como vos glorificam divinamente! Sois caridade, ó meu Deus. ...Vós amais todos como o mais terno dos pais, Vós, o pai dos pais e "o autor de toda paternidade"[5], Vós que "fostes o primeiro a nos amar"[6], Vós que "amastes os homens a ponto de lhes dar vosso filho único"[7] ...o amor de todos preenche vosso coração. ...Essa caridade que preenchia Jesus como Deus o preenchia como homem, uma vez que, vendo Deus face a face, Ele conformava todos os sentimentos de sua alma àqueles que via em Deus. ...Assim como Deus ama todos incessantemente com a chama de um amor divino, também Jesus, inflamando seu coração no fogo da caridade divina, ardeu durante todos os instantes de sua vida de um amor inefável por todos nós: "Eis esse coração que tanto amou os homens"...[8] "O primeiro mandamento é amar a Deus, o segundo é amar todos os homens"[9].

...Desde o primeiro momento de sua encarnação, desde seu nascimento e durante todos os instantes de sua vida o coração de Jesus uniu-se então com todas as suas forças a Deus para abraçar todos com um amor indizível: tudo o que Jesus fazia, Ele o fazia na intenção de Deus, pelo seu amor e por obediência à sua vontade; mas, por obediência a Deus, pelo seu amor a Deus, por conformidade de coração com Deus, Ele também oferecia todos os seus instantes, todos os méritos de sua vida, de seus pensamentos, de suas palavras, de seus atos para a santificação de todos: mais amava a Deus, mais amava os homens que Ele via no coração de Deus; mais obedecia a Deus, mais amava os homens que Deus manda amar; mais sua alma estava conforme a Deus, mais ela

---

5. Ef 3,15.

6. 1Jo 4,10.

7. Jo 3,16.

8. Revelação do Sagrado Coração a Margarida Maria Alacoque († 1690).

9. Mt 22,37.

ardia de amor por todos, uma vez que Deus é Amor. ...Desse modo, todos os instantes da vida de Jesus, todos os seus pensamentos, todas as suas palavras, todas as suas ações, mesmo sendo oferecidos em primeiro lugar para a glória de Deus e feitos unicamente para Ele, por amor a Ele, por obediência à sua vontade, também foram, em segundo lugar, oferecidos para a santificação de todos e feitos não por amor a todos, não na intenção de todos, mas com um amor extremo por todos e com um grande desejo de sua santificação... É nesse amor, é nesse desejo que Tu nasceste, ó bem-amado Jesus, ó Jesus Menino tão doce, e que Tu passaste todos os instantes de tua vida como passas todos os instantes de tua eternidade, na medida em que a palavra desejo pode ser aplicada à tua bem-aventurada vida no céu. ...Portanto, todos os pensamentos, todas as palavras, todos os atos de Jesus são para nós outros tantos exemplos de amor por todos os seres humanos, pois foram feitos nesse amor e oferecidos a Deus para a salvação de todos. ...Como Tu, ó Jesus, ofereço a teu Pai, a ti, a Deus, que Ele é e Tu és, todos os meus pensamentos, todas as minhas palavras e todas as minhas ações, todos os instantes de minha vida para a glória dele, para a tua... Quero fazê-los apenas para ti, para teu amor, em obediência à tua vontade... E os ofereço em segundo lugar para o bem, para a santificação, para a salvação de todos, para ti, pois quero amá-los todos os instantes de minha vida com um extremo amor, tanto quanto a mim mesmo, tanto quanto queiras, contigo, como tu, em obediência à tua vontade, para ti, meu Jesus, meu Bem-amado, meu Deus e meu tudo!

2 *"Ele tomou o Menino e a Mãe durante a noite e partiu para o Egito" (Mt 2,14).*

Amor a Deus. De todos os meios de salvação Tu escolheste o mais humilde, o mais doloroso, ó Jesus! Tudo é possível para ti, no entanto. É bem fácil para ti, ó mestre do céu e da terra, escapar de Herodes! Mas teu alimento é obedecer a teu Pai; a vontade dele é que Tu fugisses, que desde o berço fosses humilde, fugitivo, perseguido, sofredor... que desde o berço carregasses a cruz. ...Tu obedeceste, fugiste, abraçaste amorosamente essa cruz. ...Tu amas a Deus, Tu lhe obedeces amorosamente e tomas amorosamente a cruz que Ele te apresenta; Tu lhe ofereces essa fuga para sua glória.

Amor aos homens. Essa cruz de tua fuga Tu a ofereces primeiro à glória de Deus e depois à santificação de todos. ...É neles que Tu pensas quando foges; Tu amas, Tu rezas por eles e por teus perseguidores ("rezem pelos seus inimigos")[10] e pelos outros; Tu és feliz por deixar-lhes esse exemplo de obediência a Deus, de humildade ("Quando for perseguido em um lugar, fuja para um outro")[11], de confiança em Deus ("Quando o enviei sem pão, algo lhe faltou?")[12], de cruz abraçada pelo amor de Deus ("Esqueça de si mesmo, tome sua cruz todos os dias e me siga")[13], de perseguição suportada ("Bem-aventurado será se for perseguido")[14]. Sobretudo, ó meu Senhor, Tu dás a todos uma grande lição nessa fuga, pois a

---

10. Mt 5,43.

11. Mt 10,23.

12. Lc 22,35.

13. Mt 16,24.

14. Mt 4,11.

cruz é o pão cotidiano das almas fiéis. ...Assim que entrar no mundo você receberá a *cruz*... assim que seus pais o receberem, que recebam sua *cruz* com você; assim que uma alma recebe Jesus, Deus lhe dá parte em sua *cruz*.

3 *"Jesus veio da Galileia ao Jordão encontrar João para ser batizado" (Mt 3,13).*

Amor a Deus. Tu vens *por amor a Deus*, ó meu Senhor, pois vens para obedecer à vontade dele. Unido hipostaticamente a Deus, sua vontade te é conhecida em todos os instantes: Tu viste que esse era o desejo dele naquele momento; Tu o fizeste: "Meu alimento é fazer a vontade de Meu Pai"[15]. ...Todos os teus atos são atos de obediência, de justiça e de amor; Tu obedeces a Deus todos os instantes de tua vida e o fazes para Ele, por amor a Ele, a quem Tu amas acima de tudo, e por justiça, pois lhe deves tudo.

Amor aos homens. Tu vens *com um grande amor por todos, conformando perfeitamente teu coração ao coração de Deus, que ama todos a ponto de lhes dar seu Filho único*, que regula todos os instantes, todos os atos da vida de seu Filho sobre a terra, para que todos eles façam um grande bem a todos: teu coração conforme ao de Deus deseja ardentemente que todos os teus instantes beneficiem a santificação de todos, e Tu desejas que esse batismo lhes ensine o amor a Deus, que os ama a ponto de se colocar entre os pecadores; o amor aos homens, pois é por todos eles que Ele se faz batizar;

---

15. Cf. Jo 4,34.

a humildade, pois Ele, o Santíssimo, não teme se colocar entre os pecadores; o cuidado com nossa purificação, pelo batismo e pela confissão, pois Ele próprio, o Puríssimo, nos dá o exemplo.

4 "Jesus foi conduzido pelo Espírito ao deserto para ser tentado pelo demônio" (Mt 4,1).

Amor a Deus. Por obediência a Deus, como diz formalmente o texto, vais ao deserto; por amor a Ele. Tu amas a Deus sem medida, vês sua vontade; conformas incessantemente tua vontade à sua vontade bem-amada... Tão logo vês que Ele quer que vás ao deserto também queres o mesmo de todo coração, e para lá te precipitas pleno de amor, transbordando de amor por aquele que ao deserto te envia.

Amor aos homens. Teu jejum no deserto tem como primeiro efeito glorificar a Deus, ó Senhor! E o quanto queres ardentemente essa glorificação de Deus! Teu segundo efeito será a santificação de todos, santificação desejada por Deus, e por isso teu coração deseja não apenas com todo o amor com o qual Ele ama a todos, mas com todo o amor com o qual Tu amas a Deus. Como desejas na intenção de Deus fazer-lhes o bem! Com que terno amor desejas que, pelo teu mérito, esse jejum derrame sobre eles uma chuva de graças, que, pelo teu exemplo, ensine-lhes para sempre a buscar *a solidão*, a praticá-la *ou por toda vida, ou de tempos em tempos, a jejuar, a deixar sua família* para viverem sozinhos aos pés de Deus, *a saber rejeitar as tentações, a fazer penitência, a te amar*, sobretudo ao ver teu amor por eles, e a *se amarem uns aos outros* ao ver o quanto Deus ama a todos, abraça-os em seu coração.

5 *"Jesus começou a pregar" (Mt 4,17).*

Amor a Deus. Teu alimento, ó meu Senhor, é fazer a vontade de teu Pai. Começas a pregar porque é sua vontade, no momento em que é sua vontade, por amor a Ele, em sua intenção, por amor e por justiça; fazes todos os teus atos para Ele, por justiça, pois lhe deves tudo; fazes tudo por amor porque o amas como Ele o merece, com um amor infinito. Deves-lhe amor soberano por causa de sua perfeição soberana, obediência infinita porque Ele é o mestre supremo; deves-lhe todos os teus instantes, tudo o que és, pois Ele criou tua natureza humana... Fazes cada um desses três motivos para Ele; em cada um deles Tu o obedeces em tudo, pois a obediência é o meio de lhe dar ao mesmo tempo submissão, amor e tudo o que és.

Amor aos homens. O primeiro mandamento que Tu lês em Deus para ti, ó Jesus, é amá-lo; o segundo é nos amar. ...Por isso, com que amor teu coração arde por nós! Teu amor por teu Pai quer que conformes perfeitamente teu coração humano ao coração divino: nele Tu vês a infinita bondade, o amor de caridade e esse amor paterno e inefável com o qual Ele ama a todos. Por isso, com teu coração tão conforme ao coração de Deus, ao coração daquele que nos amou a ponto de nos dar seu Filho único, ama-nos, ó Jesus! ...Se pregas, é primeiro para obedecer a Deus, é em sua intenção, é por amor a Deus, para cumprir sua vontade. Ao mesmo tempo, no entanto, cumpres também sua outra vontade, que é a de nos amar com o mais terno amor! Se pregas em sua intenção é porque nos amas em sua intenção! Assim como em sua intenção desejas que escutemos tuas palavras, que nos convertamos e que vivamos! Assim como Tu te unes ao amor de Deus por nós, a esse amor que dá seu Filho único por nós, que o dá não apenas na morte do calvário, mas nos trabalhos de trinta anos de vida oculta, nas fadigas, nas perseguições, nos labores de três anos de apostolado. Assim como conformas teu coração humano ao amor paterno de Deus pelos homens, que dita todos esses sofrimentos ao seu filho! Assim como ao fazer tudo *na intenção de Deus,* Tu fazes tudo *com amor por todos nós*!... Assim como o próprio Deus faz tudo, primeiro para a sua glória, porque isso é justo e porque não pode ser diferente, a glória sendo o principal efeito natural e necessário que surge de todas suas obras, mas depois faz tudo animado pela bondade que o leva a tornar felizes as criaturas que Ele formou. Assim como Tu te unes a esse coração de Deus que nos ama tanto, que fez as criaturas, a encarnação, que decretou o sacrifício do calvário! Assim como Tu conformas teu coração em sua justiça e em sua caridade!

6 *"Venham comigo, eu os farei pescadores de homens" (Mt 4,19).*

Amor a Deus. Todos os teus pensamentos, as tuas palavras, as tuas ações são regulados pela vontade de Deus, ó meu Senhor! Tu a vês em ti, ó pessoa divina, e Tu a cumpres a todo instante. Tu vistes que Deus queria a vocação dessas duas almas, essa vocação nesses termos e nesse desejo; Tu as convocas no momento fixado por Ele, obedecendo perfeitamente a Deus e o amando perfeitamente: "Aquele que me obedece, é esse que me ama"[16].

Amor aos homens. Tu amas todos ainda mais, ó meu Deus, porque teu amor encontra seu motivo, não neles, mas em Deus; Tu vês o amor com o qual Deus, bondade infinita, transbordante, os preza, tão logo conformas teu coração ao dele, tu os preza inefavelmente porque Deus os preza inefavelmente. ...Tu convocas essas duas almas para teu Pai, por obediência e por amor a Ele, em sua intenção, mas as convocas pleno dos sentimentos de teu Pai; isto é, pleno do desejo de que elas o glorifiquem primeiro, como é justo, mas em seguida, e por isso mesmo, que elas se santifiquem admiravelmente e façam um bem extremo a todos. ...Porque teu coração unido ao de Deus bate de amor por todos nós ao chamar Pedro para ser "pescador de homens"![17] Porque és bom, ó meu Deus, e porque preparas amorosa e firmemente nossa salvação!

7 "Jesus percorria toda a Galileia, ensinando e pregando, ...e curando" (Mt 4,23).

Amor a Deus. "Teu alimento é fazer a vontade de teu Pai"[18]. Teu coração está perdido em seu amor: Tu o vês face a face, Tu contemplas incessantemente o oceano de suas bondades, estás abismado e mergulhado em seu

---

16. Jo 14,21.

17. Mt 4,19.

18. Cf. Jo 4,34.

amor, e tudo o que fazes, fazes *por amor a Ele*, porque vês *o que Ele quer de ti.*

Amor aos homens. E a primeira coisa *que Ele quer de ti*, depois do amor por Ele mesmo, é o amor por todos nós. E como Tu nos amas! Ama-nos não apenas em obediência, mas em conformidade com Deus: amando-o, vendo suas divinas perfeições, não deixas de conformar perfeitamente tua alma ao que nele Tu vês, e ao vê-lo nos amar a ponto de dar seu Filho por nós, Tu nos amaste desde o primeiro momento de tua existência, com esse mesmo amor. ...Portanto, Tu estás pleno, ó Jesus, mesmo como homem, de um amor divino por nós, uma vez que conformas plenamente teu coração ao coração de Deus, que nos ama a ponto de dar-te a nós. E com que amor por nós te lanças em todas as obras prescritas por teu Pai para nossa salvação e consolação: pregação, cura! Com que ternura te dedicas a todos esses trabalhos, Tu que partilhas tão plenamente esse amor de teu Pai, que o leva a prescrevê-los! Tu cujo coração é tão conforme ao coração de Deus, com que amor fazes, como te unes a Ele em intenções e em amor, em todas essas obras que seu amor por nós te dita.

8 "Bem-aventurados os pobres de espírito" (Mt 5,3).

Amor a Deus. Tu dizes essas palavras por amor a Deus, ó Jesus, pois "dás a Deus tudo o que é de Deus"[19], e, portanto, empregas na intenção dele, pelo seu amor, todos os instantes de tua vida; fazes para Ele todos os

---

19. Cf. Mt 22,21.

teus atos, dizes todas as tuas palavras, pensas todos os teus pensamentos. ...Tu dizes porque a vontade dele é que passes esses ensinamentos a todos nós. ...E Tu lhe obedeces em todos os instantes de tua vida, tanto por amor como por justiça. Dizes: "Bem-aventurados os pobres de espírito"[20], ou seja: Bem-aventurados aqueles cujo espírito está inteiramente vazio, cujo coração está vazio de todas as criaturas, deles mesmos e de tudo o que não é Deus, que estão assim vazios, absolutamente vazios de todo apego a outra coisa do que a Deus; esses são realmente pobres, não se agarram a nada, o coração e o espírito deles estão radicalmente vazios de toda criatura. ...Por isso só estão repletos de Deus. ...Esvaziemos nosso coração de tudo, sejamos vazios de todo amor por nós mesmos e pelas outras criaturas; quando tudo o que não é Deus tiver sido expulso de nós Ele poderá nos preencher por completo, e Ele nos preencherá por completo; nossas almas serão então "o Reino de Deus"[21], pois Deus nelas reinará sozinho como um rei absoluto reina em seu reino. ...Esvaziemos nossos corações de tudo o que não é Deus; sejamos realmente pobres de espírito pelo vazio interior e amaremos a Deus tanto quanto podemos amá-lo neste mundo.

Amor aos homens. Fazes tudo por amor a Deus, na intenção de Deus, ó meu Senhor; mas incessantemente o amor por todos nós vigia e arde no fundo do teu coração e te consome com um ardor indizível. Pois teu amor a Deus te conduz a conformar incessantemente teu coração ao dele e a obedecer-lhe perfeitamente. Mas encontras em seu coração um amor incomparável por

---

20. Mt 5,3.
21. Lc 17,21.

todos nós, e entre seus mandamentos um dos primeiros é amar a todos nós. ...E também te associas a essa bondade de teu Pai, e Ele quer que nos evangelizes! Com que amor por nós Tu nos anuncias as verdades que Ele quer que Tu nos digas! Com que amor por nós obedeces às suas vontades ao nos pregar, ao nos converter, ao nos curar, ao estabelecer a doutrina cristã, ao fundar a Igreja! E como devemos amá-los, se nós te amamos! Como devemos, seguindo teu exemplo, conformar nossos corações ao de Deus, bom e amante para todos, amando-nos a ponto de nos dar seu filho único; como devemos, seguindo teu exemplo, não só obedecer a Deus fazendo o bem que Ele quer de nós aos corpos e às almas de nosso próximo, como ainda fazê-lo como Ele o faz, como Tu o fazes, ó Jesus, amorosamente, ternamente, associando e conformando nosso coração ao coração de Deus que nos ordena essas coisas com um amor tão grande.

9 *"Bem-aventurados os mansos" (Mt 5,4).*

Amor a Deus. Oh! Meu Deus, essa palavra não deveria iluminar nosso amor por Vós? Amais tanto os homens que prometeis a beatitude àqueles que são mansos com os homens, vossos filhos! ...E como também vos mostrais manso ao atribuir um tal preço à mansidão! E a mansidão é tão amável!... Ó meu Deus, tão amoroso, como devemos vos amar! Ó Deus, tão manso, como não vos amaríamos?

Amor aos homens. Essa palavra, que saiu da própria boca de Deus, ordena-nos a mansidão *para com todos os homens*: mansidão em pensamentos, em palavras e em ações, não tenhamos nada de amargo, nada de violento, nada de duro em nossos pensamentos, que tudo em nós seja mel, ternura, paciência, paz para todos, bons e maus, pois todos são filhos de Deus, amados por Ele, criados à sua imagem, cobertos pelo sangue de Jesus como por um manto, feitos para irem ao céu, uma vez que Deus quer que até mesmo os maus "se convertam e vivam"[22]. Essa mansidão é filha do amor e não pode existir sem ele. ...Amemos todos, portanto, para sermos mansos com eles.

10 *"Bem-aventurados aqueles que choram" (Mt 5,5).*

Amor a Deus. Meu Senhor Jesus, todos, todos, todos os teus pensamentos, palavras, ações e, portanto, todos os teus ensinamentos e teus exemplos têm como motivo o amor a Deus. Tudo o que pensas, dizes, fazes traz *a intenção de Deus*; portanto, tudo o que pensas, dizes, fazes, todos os instantes de tua vida são para nós *outros tantos exemplos de amor a Deus*. Está claro, pois, que todas as tuas palavras são definitivamente exemplos de amor a Deus, que todas as tuas ações são exemplos de amor a Deus. Não falaremos mais aqui desse exemplo de amor a Deus contido em cada uma de tuas palavras, em cada um de teus atos, pois as mesmas observações deveriam ser feitas para cada uma das palavras que saem de teus lábios, para cada ação que observamos em ti, e para todas elas é preciso dizer: é um exemplo de amor a Deus. ...Nosso Senhor diz isso, faz isso *na intenção de Deus;* por *amor a Ele, obedecendo em conformidade à sua*

---

22. Ez 33,11.

vontade divina. Portanto, anotaremos aqui somente as passagens em que Tu nos prescreves de uma maneira muito especial o amor a Deus.

Amor aos homens. Assim como o amor por todos nós Deus não abandona um único instante, mas é eternamente preenchido de caridade e de amor, assim também nosso Senhor, que imita perfeitamente Deus, que a Ele se une e conforma perfeitamente seus sentimentos aos sentimentos dele, não deixa de ter, desde o primeiro momento de sua existência até a eternidade ilimitada em que reina, o mais terno amor por todos nós; esse amor que Ele tem por amor a Deus e por conformidade a Deus Ele o tem, assim como Deus, de uma maneira constante, sem intermitência, continuamente. A santa humanidade de nosso Senhor está perfeitamente associada, unida, conforme aos sentimentos com Deus; continuamente, portanto, Jesus, não apenas como Deus, mas como homem, ama-nos com um amor extremo. ...Assim como Ele cumpre todos os seus pensamentos, suas palavras, suas ações, faz tudo o que faz *por amor a Deus*, Ele o faz e Ele o cumpre, pois, *com um amor por todos nós* que vigia no fundo de seu coração e que jamais o abandona: *o amor a Deus* é a causa de todos os seus atos, e o amor a todos nós na intenção de Deus acompanha todos eles... Todos os pensamentos, palavras, ações, todos os instantes da vida de Jesus têm um mérito infinito. Jesus oferece todos os seus méritos a Deus para a santificação dos homens. Será que *lhes aplica* todos esses méritos? É muito provável. Podemos então pensar que dessa maneira Ele também faz tudo o que faz, *com* nosso amor, não *por nosso amor*, pois faz tudo *por puro amor a Deus*, mas *com* nosso amor, não só com um amor constante, que vigia no fundo de seu coração, mas com uma vontade de nos ser útil em todos os instantes de sua vida, *para* desse modo cumprir a vontade de Deus, *na intenção de Deus.* ...Portanto, Jesus está todos os instantes de sua vida *com* nosso amor, e podemos pensar que Ele nos aplica seus méritos e que desse modo nos cobre de bens infinitos, *em* todos os instantes de sua vida. ...Essa observação pode então ser repetida para todas as palavras, todos os atos que o Evangelho nos transmite; todos os seus instantes são, assim, *exemplos de amor por todos nós.* ...Uma vez que se pode dizer absolutamente o mesmo *para todos os seus atos, para todas as suas palavras,* dizemo-lo aqui de uma vez por todas, e no futuro só procuraremos as passagens em que Ele dá esse exemplo ou preceito não apenas dessa maneira geral, mas também de uma maneira muito especial.

11 "Bem-aventurados aqueles que têm fome e sede de justiça" (Mt 5,6).

Amor a Deus. Assim, chama-nos ao amor a Deus, ó Jesus! Pois a justiça é *dar a cada um o que é de cada um* ou, em um sentido mais largo, *é o bem.* Nos dois sentidos é o amor a Deus que nos é pedido; pois dar a cada um o que é de cada um é primeiro dar a Deus o que é de Deus; ora, tudo é de Deus: tudo o que não é Ele foi feito por Ele, é dele, pertence a Ele; nós mesmos lhe pertencemos por completo; tudo o que somos, nosso coração, todos os instantes de nossa vida a Ele pertencem. Além do mais, Ele é infinitamente perfeito; portanto, *por justiça* devemos amá-lo na proporção de suas perfeições, ou seja, infinitamente. ...A fome e a sede de justiça consistem então em não viver para Deus, a quem devemos tudo o que somos e tudo o que temos, em não respirar, em não agir para Ele, a quem nós devemos por completo, e em amá-lo infinitamente; Ele, infinitamente perfeito. ...Se olharmos a *justiça* como o *bem* em geral, e o bem perfeito é Deus, e é somente Ele, ter fome e sede de justiça é, portanto, ter fome e sede de Deus; desejar possuí-lo pelo conhecimento e possuí-lo pelo amor é amar a Deus e desejar amá-lo sem medida e sem fim, como Ele o merece.

Amor aos homens. Ter fome e sede de justiça é também amar a todos os homens, o que, em primeiro lugar, significa amar a Deus, desejar amá-lo e conhecê-lo cada vez mais; em segundo lugar, amar a todos os homens e cumprir em relação a eles os deveres do amor fraternal. ...Com efeito, Deus ama tanto os homens que assim que o amamos somos obrigados a amá-los na intenção dele, tanto para conformar nosso coração ao seu, para obedecer ao seu "segundo mandamento", como por amor e respeito pelo seu sangue por meio do qual Ele os resgatou por "um preço tão alto"![23]

12 *"Bem-aventurados os misericordiosos" (Mt 5,7).*

Amor a Deus. Sejamos *misericordiosos*, isto é, façamos o bem aos infelizes, aos necessitados, a todos aos quais falta alguma coisa, a todos cuja alma ou corpo tem necessidade... Sejamos misericordiosos de pensamentos, de palavras e de ações. ...Que nossos pensamentos sejam

---

23. 1Cor 6,20.

misericordiosos, sem limites, a fim de serem conformes aos de Deus, que é "Misericórdia e Verdade"...[24], que nossas palavras e nossas ações não tenham, em sua misericórdia, outros limites do que os que lhes são traçados pela obediência ao pai espiritual. A misericórdia não é outra coisa do que uma subdivisão da caridade, uma subdivisão do amor por todos... o amor pelo próximo que sofre... o amor por aqueles que sofrem... o amor, o *coração*, "cor" para com os sofredores, os infelizes, os necessitados, os *miseráveis* "míseros". Sejamos misericordiosos como nosso Pai celeste é misericordioso! ...Sejamos *bons* para com todos, mas tenhamos essa bondade especial, particular para com os miseráveis, que se chama "*misericórdia*"; sendo bons para todos, ocupemo-nos muito mais dos pecadores, necessitados em sua alma, dos infelizes necessitados em seu coração, dos pobres, dos doentes, necessitados em seu coração e em seu corpo, das crianças e dos velhos, pois geralmente reúnem todas as necessidades... Tenhamos mais pensamentos, preces, cuidados para com eles do que para com os bons e os felizes, pois eles precisam; os outros não precisam; eles necessitam, os outros não necessitam. ...Amemos mais os bons, mas nos ocupemos mais dos pecadores; amemos também os sãos e os ricos, mas nos ocupemos mais dos pobres e dos doentes: Que nosso *coração* se incline para a *miséria*, em toda parte em que se encontre. ...Sejamos os consoladores de todas as aflições, sejamos os pais, as mães, os irmãos, os amigos dos que não têm nem pai, nem mãe, nem irmão, nem amigos. ...Cuidemos, consolemos aqueles de quem ninguém cuida nem consola. ...É a Jesus que o fazemos, sim ao próprio Je-

---

24. Sl 88,15.

sus, pois todos nós somos seus membros, os infelizes são membros sofredores; é preciso cercar com honra e amor todos os seus membros, evidentemente... e com uma honra e com um amor incomparáveis; quanto a aplicar nossos cuidados é evidente que primeiro é preciso cuidar de seus membros sofredores. Somente quando todos estiverem tratados é que poderemos perfumar os outros. Querer perfumar seus membros que não sofrem antes de tratar seus membros sofredores, ensanguentados, doentes, não seria caridade, e sim loucura. É o que fazemos quando dispensamos nossos cuidados e nosso dinheiro dando aos felizes, aos bons e aos ricos, algo que seus corpos e suas almas poderiam fazer, em vez de dispensá-los para a conversão das almas, para a consolação e o alívio dos infelizes, dos pobres, de todos aqueles que necessitariam tanto deles. ...É por isso que nosso Senhor diz expressamente: "Quando prepararem uma refeição não convidem nem seus irmãos, nem seus pais, nem seus amigos, nem seus vizinhos, mas os pobres, os mancos, os enfermos, os cegos"[25].

13 *"Bem-aventurados os pacíficos" (Mt 5,9)*

Amor a Deus. Ao nos recomendar tanto a paz como a misericórdia Tu nos recomendas o amor ao próximo. ...O espírito *pacífico* é, como a misericórdia, uma subdivisão do amor ao próximo, a caridade..., é caridade na medida em que ela nos leva a viver em paz com todos os nossos semelhantes e a nos esforçarmos para fazer reinar a paz entre eles. ...É caridade na medida em que ela não

---

25. Lc 14,12-13.

nos leva a aprovar todos os nossos irmãos, uma vez que alguns deles são recrimináveis, e sim a viver em paz com eles apesar de seus erros, apesar de suas contradições, de suas perseguições, de suas injustiças contra nós, pois são nossos irmãos, e Deus, terno Pai, quer que suportemos tudo deles, como um pai quer que seus filhos suportem tudo uns dos outros, suportando qualquer injustiça feita por uns aos outros, em vez de chegar às contestações, às querelas, aos processos, às lutas e mesmo à desavença, ao esfriamento da caridade. É por isso que nosso Senhor nos disse: "Se baterem em sua face direita ofereça a esquerda; se pegarem seu manto, dê também a túnica"[26]; pois todo homem é nosso irmão; é melhor suportar tudo por parte dele do que não estar em paz com ele, sofrer tudo, ceder-lhe tudo, e ficar em paz. ...Só há uma coisa que nunca deve ser feita, é o pecado: nenhum mal, nenhum pecado venial, por qualquer motivo que seja; isso nunca, nunca. ...Há casos, no entanto, em que é preciso resistir pela força ao nosso irmão que nos ataca; ou seja, quando ele quer nos fazer pecar. ...Há também outros: quando ele quer fazer mal a um de nossos irmãos inocentes, quando quer sobretudo fazê-lo pecar; quando os representantes de Deus na terra nos ordenam defender pela força a Igreja oprimida, os indivíduos, os povos oprimidos. Nesse caso, a Igreja recomenda o uso da força, não para perturbar a paz, mas, ao contrário, como um meio que ela emprega a contragosto, mas que emprega como legítimo e como o único adequado *para restabelecer a paz* perturbada pelos injustos agressores, ou *para defender o rebanho de Jesus* atacado pelos lobos. ...Devemos estar em paz com nosso próximo, em pa-

---

26. Mt 5,39-40.

lavras, em pensamentos, em ações, alimentando nossa alma com pensamentos de paz, não tendo nos lábios senão palavras de paz, sendo pacíficos, mansos, prontos a ceder, em ações. ...Devemos manter tanto quanto possível a paz entre todos os nossos irmãos, segundo os meios que Deus nos dá, que seus representantes nos permitem usar, segundo nosso estado; devemos nos esforçar para fazer reinar essa paz, e tanto com nossas preces quanto com nossas palavras e atos. ...Um dos principais meios é sermos amados por todos a fim de termos influência sobre todos. ...O espírito de paz não é o espírito de fraqueza; ao contrário, é um espírito *de força*, como todo bom espírito... É preciso força para deixar que seu irmão lhe faça tudo, para se deixar não apenas tosar, mas degolar sem se lamentar nem resistir, e levar até esse ponto o espírito de paz, como nosso Senhor. É preciso *força* para resistir seja passivamente se isso bastar, seja ativamente se a resistência passiva *não bastar*, até mesmo sofrer a morte (e se isso for necessário, até mesmo dá-la) em vez de cometer um pecadilho que seja; é preciso *força* para defender os fracos, os inocentes oprimidos contra seus opressores e devolver a paz a esses pobres oprimidos; é preciso *força* para se colocar entre irmãos que querem discutir, que querem entrar na justiça, lutar, e levá-los à paz; é preciso *força* para seguir Gregório VII, São Bernardo, Raimundo de Calatrava[27], e se esforçar com palavras e com armas para devolver então a paz à Igreja, a paz à Cristandade, a paz a uma população católica oprimida

---

27. Abade cisterciense espanhol de Fitero, fundou no século XII a Ordem dos cavaleiros de Calatrava.

por César, pelos turcos, pelos sarracenos[28]. ...Vigiemos com todos os nossos irmãos e tratemos de fazer reinar entre eles essa paz que o terno Pai da família comum quer ver entre todos seus filhos.

14 *"Que tua luz brilhe diante dos homens para que vejam tuas boas obras e glorifiquem teu Pai" (Mt 5,16).*

Amor aos homens. Todos os nossos atos, todas as nossas palavras, todos os nossos pensamentos devem ser feitos *unicamente na intenção de Deus, precisamente na intenção de Deus*; no entanto, devemos dizer todas as nossas palavras e fazer todos aqueles nossos atos que são conhecidos por todos não apenas de uma maneira boa, mas de uma maneira que edifica o próximo, e isso por *amor à alma* do próximo, a fim de levá-la ao bem por meio de nossos bons exemplos, amor ordenado por Deus, pelo *desejo da glória de Deus*, para que o próximo o louve ao nos ver fazendo o bem e o glorifique nos imitando. ...Portanto, cuidemos, *na intenção de Deus*, em dar sempre o *bom exemplo ao próximo*. ...É um dos *deveres de caridade* que temos a constante obrigação de cumprir em relação a ele. Não temos a obrigação de lhe dar *constantemente* esmola, de constantemente consolá-lo, de constantemente instruí-lo, nem mesmo de orar por ele constantemente, mas temos que lhe dar *constantemente* o bom exemplo, ainda mais que talvez ele nos olhe, nos ouça, ou conheça mais tarde nossas obras,

---

28. Estas últimas considerações de Foucauld, para serem compreendidas, devem ser colocadas no contexto da doutrina tradicional da Igreja sobre o uso da força e inseridas no contexto geral destas meditações sobre a caridade e sobre a paz. Cf. Tomo 1 – Introdução, p. 32 da versão original da série.

mesmo quando acreditamos estar sozinhos. Tenhamos sempre essa caridade de dar o bom exemplo.

15 "Aquele que ensinar o relaxamento aos homens será muito pequeno no Reino de Deus; mas aquele que praticar e ensinar meus preceitos será grande no Reino de Deus" (Mt 5,19).

Amor aos homens. É um dever de caridade que também aqui nos ensinais, meu Deus; quereis que *em vossa intenção* apliquemo-nos não apenas a fazer o bem, mas a *ensiná-lo* ao próximo, pela *palavra* e pelo *exemplo*. É *uma parte de nosso dever de caridade para com o próximo*: primeiro, *não lhe ensinar uma falsa doutrina*, uma má doutrina, nem pela palavra nem pelo exemplo; segundo, *ensinar-lhe a verdadeira doutrina* tanto pelas palavras como pelo exemplo. Todavia, o ensinamento pela palavra não convém a todos e nem é para todos; sendo assim, cada um deve seguir as opiniões de seu pai espiritual e só começar a instruir oralmente aqueles pelos quais é responsável, e ninguém, se Deus não o encarregou de ninguém. ...Mas pelo bom exemplo, ou seja, fazendo em todos os momentos o que Deus quer de nós, devemos sempre ensinar a verdade a todos aqueles que nos veem ou podem conhecer nossos atos. ...Essa obra de caridade que consiste no ensinamento *é uma das mais santas*; foi sobretudo a ela que nosso Senhor se consagrou durante os três anos de vida pública. Se pela voz de seus representantes autênticos Ele nos dá essa tarefa consagremo-nos a ela tomando-o como modelo e nos esforçando de todo nosso coração para imitá-lo naquilo que Ele fez durante sua vida pública.

16 "Todo aquele que se enfurecer contra seu irmão será julgado e punido por isso" (Mt 5,22).

Amor ao próximo. *Não se enfurecer* contra os homens, esta também é uma das marcas de caridade que devemos a eles. Não nos enfurecemos contra aqueles que amamos; a raiva, a irritação, o ciúme são filhos do amor por si mesmo e não do amor pelo próximo. Dizem que geralmente nós os sentimos naquilo que é chamado amor no mundo, mas esse amor não é de forma alguma o amor pelos outros, quase sempre é somente o amor por si mesmo. O amor é doce, paciente, suporta tudo, aguarda tudo, espera tudo; não é invejoso nem arrogante[29]. ...Na verdade, o amor ao próximo não exclui às vezes uma santa indignação e uma santa severidade, como em Jesus expulsando os vendilhões do templo[30], como em São Paulo cegando o mago que enganava Sérgio Paulo[31], mas essa verdade, essa indignação, não excluem o amor; elas são, ao contrário, desejadas pelo amor, não apenas pelo amor a Deus e pelo zelo de seu serviço, mas também pelo amor a todos na intenção de Deus: Jesus e seu imitador Paulo só mostram indignação e severidade na medida em que isso é bom para as almas que os cercam e que conhecerão suas ações, a fim de converter e de instruir todas elas. Eles agem pelo bem das almas, pela caridade, e não contra a caridade. ...Mas vemos como esses atos caridosos de indignação piedosa e de severidade devem ser raros, uma vez que nosso Senhor em toda sua vida – Ele que estava cercado de

---

29. Cf. 1Cor 13,7.

30. Jo 2,14-16.

31. At 13,6-11

tantos maldosos – mostrou-os tão raramente: a expulsão dos vendilhões e algumas reprimendas aos fariseus, todos pelo bem das almas, estes foram os únicos atos em que nosso Senhor mostrou severidade, indignação. Aliás, em toda parte não vemos nele senão *mansidão* e *paciência*. ...Sigamos seu exemplo. ...Sejamos *mansos e sem raiva, "como cordeiros"*[32]. ...Que Ele não precise nos dizer: "Vocês não sabem de que espírito são"[33].

17 "Aquele que disser ao seu irmão 'Imbecil' será submetido ao julgamento. Aquele que lhe disser 'Louco' será punido com o inferno" (Mt 5,22).

Amor ao próximo. *Não dizer palavras duras, desagradáveis, insuportáveis, injuriosas, desdenhosas...* é também um dos deveres da caridade para com o próximo. Não digamos aos outros o que não gostaríamos que nos dissessem, ou que dissessem ao nosso irmão, ao nosso amigo, *ou que um pai terno não gostaria que seus filhos dissessem entre eles*. Este é o princípio sobre o qual devemos fundar nossa conduta com o próximo, em *pensamentos*, em *palavras* e em *ações*. Sempre devemos tê-lo diante dos olhos e pensar, agir, falar de forma adequada: *Deus é o Pai de todos os seres humanos; a todos Ele ama como o mais terno dos pais e quer que eles sempre se conduzam uns com os outros como um terno pai quer que seus filhos se conduzam entre eles.*

---

32. Lc 10,3.
33. Lc 9,55.

18 "Se ao ofertar sobre o altar você se lembra que seu irmão tem algo contra você vá antes se reconciliar com ele e depois volte para ofertar" (Mt 5,23-24).

Amor ao próximo. *Paz...* A paz com todos os nossos irmãos, quer perdoando-lhes as ofensas, quer pedindo-lhes perdão pelas nossas, quer esclarecendo-nos fraternalmente nas dificuldades, nos distanciamentos que poderiam surgir, ou até mesmo ajudando-os em suas pretensões injustas, quando for possível fazê-lo sem pecar (p. ex., quando se trata apenas de nosso bem temporal, de um pouco de dinheiro que nos pertence etc.), enfim a paz entre todos nós, toda vez que for possível, fazendo para isso progressos, cedendo, prevenindo, humilhando-nos, deixando que nos batam, tosem, despojem, como Jesus, e até degolem por nossos irmãos, *fazendo com todos o que um terno pai quer que seus filhos façam entre eles*, esta também é uma das obrigações *que nos impõe* a caridade para com o próximo.

19 "Não resista ao mal; se alguém bater em sua face direita estenda-lhe a esquerda" (Mt 5,39).

Amor ao próximo. Não resistir ao mal, quando nos batem em uma face estender a outra, pois nunca ter uma desavença com nossos irmãos é também um dos deveres aos quais nos obriga esse amor, e se quiserem se apoderar injustamente de nosso bem, deixar que se apoderem. ...Como o preceito anterior, este nada tem de surpreendente se nos colocarmos sob o ponto de vista correto, e levarmos em consideração o princípio fundamental de *que Deus nos ama como um terno pai ama seus filhos e* *de que Ele quer que nos conduzamos entre nós como um terno pai quer que seus filhos se conduzam entre eles.* Um bom pai quer que seus filhos nunca se enfrentem na justiça por questões de interesse pessoal: talvez seja um dever de um filho bom e justo levar seu irmão culpado a julgamento, para o bem desse irmão culpado ou para o bem geral dos outros, de todos, ou de um número importante deles, mas nunca, nunca, por interesse pessoal. ...Todo bom pai quer que cada um de seus filhos esteja disposto a suportar de um deles e de todos os outros quaisquer prejuízos à sua pessoa e aos seus bens, roubo, despojamento, ferimentos, morte, em vez de enfrentá-los na justiça... "Vocês devem suportar o mal"[34], diz São Paulo aos cristãos que se enfrentavam na justiça, recriminando-os fortemente. ...Suportar o mal por amor a Deus, que nos deu seu exemplo, deixando-se despojar de todas as suas roupas, apanhar e degolar sem resistir. ...Suportar o mal por amor aos nossos irmãos, na intenção de Deus, aceitando todo prejuízo causado por eles em vez de romper a paz com eles, deixando que nos façam todo mal, em vez de lhes fazer algum. ...Suportar o mal por obediência a Deus, como dito aqui. ...Suportar o mal no espírito de penitência para a expiação de nossos pecados e dos pecados de todos. ...Suportar o mal no espírito de imitação de nosso Senhor Jesus, agradecendo-lhe por nos deixar tomar parte na sua cruz. ...Suportar o mal para salvar a alma de nosso irmão culpado, pois receber o mal com mansidão e sem resistência é um meio de envergonhar o culpado e de lhe inspirar pensamentos salutares, ainda que por um momento, ainda que mais tarde. ...Nosso Senhor nos deu não só o exemplo como

---

34. Cf. 1Cor 4,12.

preceito; sigamo-lo! Quando atacaram seus apóstolos, seus discípulos, Ele sempre os defendeu, como o Bom Pastor... Quando o atacaram, Ele se deixou despojar, bater, matar, sem resistir, nem se queixar; eis o exemplo, eis a perfeição, a perfeição do próprio Deus; sigamo-la!

21 *"Se alguém quer que ande mil passos, ande com ele dois mil"*[35] *(Mt 5,41).*

Amor ao próximo. Um dos deveres que esse amor nos impõe é também o de *ser prestativo,* de prestar todos os serviços que nos pedem; de prestá-los mesmo quando nos atrapalham e nos aborrecem; de prestá-los de boa vontade e completamente, fazendo até mais do que nos pedem; não resmungando e fazendo as coisas pela metade, mas de todo coração, considerando que *é um membro de Jesus* que nos pede esse serviço e que, portanto, prestando-o a *um membro de Jesus nós o prestamos ao próprio Jesus.* Não olhemos se o que nos pedem é útil, se têm o direito de pedi-lo; *um membro de Jesus* pede, isso basta, desde que não haja pecado; façamos, demos, não apenas o que ele pede, mas o dobro, com um zelo, uma alegria tal que Deus e todos os seres humanos vejam com que alegria e com que amor nós damos a Jesus em seus membros, prestamos serviço a Jesus em seus membros. *Todo ser humano é membro de Jesus, todo ser humano faz, portanto, parte do corpo de Jesus; tudo que fazemos a eles, "mesmo aos pequeninos, fazemo-lo, portanto, a Jesus"*[36];

---

35. A numeração do original passa de 19 a 21, omitindo o 20.
36. Cf. Mt 25,40.

este também é um princípio que sempre deve estar diante dos olhos em todas as relações com o próximo.

22 *"Aquele que pede, dê-lhe; aquele que quer tomar emprestado não lhe recuse" (Mt 5,42).*

Amor ao próximo. Este também é um dos deveres que a caridade nos impõe para com o próximo. E tão poucos a praticam! Ele é, no entanto, evidente, nítido, sem ambiguidade, mas tão contrário ao espírito do mundo, à avareza da natureza degradada; o diabo nos sugere tantas razões para nos desviar de um ato que glorifica tanto a Deus. *...O próximo é membro de Jesus; todo ser humano é alguma coisa do corpo de Jesus; tudo o que fazemos a um ser humano o fazemos, portanto, a Jesus,* como Ele nos disse[37]. Sendo assim, é evidente que devemos dar, emprestar a quem quer que peça, uma vez que *é a Jesus que damos, que emprestamos.* Todavia, se alguém nos pedisse, desejasse tomar emprestado de uma maneira absolutamente desarrazoada, de uma maneira que constituísse para ele um pecado e uma loucura, ou de uma maneira que aceitar seu pedido nos impedisse de cumprir outros deveres mais ou tanto quanto imperiosos, seria preciso *dar-lhe, emprestar-lhe sempre, sempre, para não recusar a Jesus e para obedecer de todo coração sua palavra,* dar-lhe, emprestar-lhe menos, no entanto; e agir de uma maneira que nos permita, mesmo cumprindo nossos deveres para com Jesus nele, cumpri-los também para com Jesus nos outros (em todos os outros entre os quais somos o último), nos regrando e agindo em conformidade com esse

---

37. Cf. Mt 25,40.

outro princípio tão certo quanto *fazer tudo como Jesus teria feito* e considerando que, quando nos pedem algo que certamente é um erro para aquele que o faz, esse erro não poderia vir de Jesus, mas sim do diabo; *fazendo-o, mas na medida em que Jesus o teria feito, não naquela em que nos pedem, separamos o ser humano, que é uma porção de Jesus a quem fazemos o que Ele pede, do pecador, que nada tem de Jesus, mas que está sob a influência do diabo, e a quem recusamos o que o diabo pede através de sua boca.* Assim *damos sempre, mas dando a Jesus,* damos o que é santo e razoável, o que Ele pede, *o que Ele daria em nosso lugar,* mas *recusamos dar ao membro do diabo* o que *o diabo pede,* o que Jesus não daria, o que, se déssemos, faria mal tanto a Jesus quanto àquele a quem damos, e a Jesus nos outros. *Em tudo ajamos como Jesus agiria em nosso lugar.*

23 *"Amem seus inimigos, façam o bem àqueles que os odeiam, rezem por aqueles que os perseguem e são injustos com vocês; para serem filhos do Pai que está nos céus, que faz nascer o sol sobre os bons e sobre os maus"* (Mt 5,44-45).

Amor ao próximo. Amar aos nossos inimigos, fazer o bem aos que nos odeiam, rezar pelos que nos perseguem, nos caluniam, são injustos conosco, eis também uma parte dos deveres que nos impõe a caridade para com o próximo. E assim seremos, como diz nosso Senhor, os filhos de nosso Pai celeste, que é o Pai dos bons e dos maus e que deseja que os bons permaneçam bons irmãos para os maus durante a vida destes, e que, mesmo quando devem castigá-los, eles o fazem por amor e com amor, com o desejo ardente de sua conversão e de sua salvação. Que nossos irmãos sejam bons ou maus, Ele quer que *nós nos conduzamos como um terno pai quer que seus filhos se conduzam entre eles, que continuemos a amar, ardente, fraternalmente e de todo coração, mesmo aqueles que são os mais culpados e que talvez tenham de ser combatidos exteriormente.* Fazer-lhes o bem, rezar por eles é geralmente o meio mais eficaz que temos para convertê-los.

24 "Não nos deixeis sucumbir à tentação, mas livrai-nos do mal" (Mt 6,13).

Amor ao próximo. Nosso Senhor nos ensina no Pai-nosso a não pedir só para nós, mas a *pedir para todos* tudo o que pedimos para nós. Com efeito, devemos relacionar tudo a Deus, fazer tudo na intenção de Deus, imitá-lo em tudo, "ser perfeitos como nosso Pai é perfeito"[38]. ...Devemos, portanto, amar a todos *porque Deus ama a todos. E assim como Ele*, devemos então amar a todos eles, amar-nos na medida em que somos um deles, confundir-nos com todos eles nesse amor geral, e amar-nos com os outros e como os outros unicamente na intenção de Deus. ...Amando-nos unicamente na intenção de Deus não devemos nunca nos amar mais do que aos outros; *mesmo não nos amando mais do que aos outros* devemos, porém, *cuidar de nós* mais do que dos outros, pois somos responsáveis por nós mesmos de uma maneira mais particular. ...*Rezar pelos outros* é, como Deus nos diz com esse "nós" constante do Pai-nosso, um dos

---

38. Cf. Mt 5,48.

deveres que a caridade nos impõe em relação aos outros, um dos mais graves, dos mais constantes; pois, em primeiro lugar, é um dos mais poderosos, talvez o mais poderoso para lhes fazer o bem; em segundo, ele está de certa forma sempre à nossa disposição.

25 "Se você perdoar, seu Pai celeste o perdoará. Se você não perdoar, seu Pai celeste não o perdoará" (Mt 6,14-15).

Amor ao próximo. *O perdão das ofensas* é também um dos deveres que a caridade para com o próximo nos impõe. Isso é evidente, por menos que consideremos os princípios que sempre devem estar presentes em nosso espírito quando se trata do próximo. Deus quer que sejamos para todos o que um terno pai quer que seus filhos sejam uns para os outros. *Agir, falar, pensar como Jesus o faria em nosso lugar... fazer aos outros o que gostaríamos que nos fizessem... Todo ser humano é um membro de Jesus, alguma coisa do corpo de Jesus, uma porção de Jesus, alguma coisa de Jesus... Tudo o que lhe fazemos, fazemos a Jesus.*

26 "Não julguem para não serem julgados" (Mt 7,1)

Amor ao próximo. Um dos deveres que esse amor nos impõe é o de não julgar os outros. ...Não devemos julgá-los; primeiro porque *Deus aqui nos proíbe formalmente*, depois porque nós *não temos o direito* de julgar os outros: "Com que direito julgamos o servidor de outrem? Se ele faz o bem isso diz respeito ao seu mestre; se ele comete um erro isso diz respeito ao seu mestre"[39]; em se-

---

39. Cf. Pr 30,10.

guida, porque *não temos conhecimento*, não conhecemos nada o bastante, nem as circunstâncias, nem os corações. ...Também não *devemos julgar* porque *isso é contrário à caridade; quando amamos, não nos tornamos o juiz daquele que amamos, mas seu advogado, seu intercessor* junto a Deus e aos outros; tratamos de desculpá-lo ou, pelo menos, de suplicar, de interceder, de rezar por ele, o que é bem diferente de se estabelecer como seu juiz. Por fim, *é contrário ao amor a Deus*: quando amamos a Deus vivemos em Deus, recolhidos e perdidos nele, sem nos preocuparmos com o que os outros fazem, sem julgá-los. ...É também *contrário à humildade*: quem é humilde, ao ver coisas que lhe parecem erros nos outros, longe de se deter neles e de julgá-los reza por aqueles aos quais vê e logo se volta para si mesmo, e começa a pensar em seus próprios erros, que examina, julga e condena, para os quais pede humildemente perdão, pelos quais se acusa e geme.

27 *"A medida que usou para os outros será usada para você" (Mt 7,2).*

Amor ao próximo. "Fazer aos outros tudo o que gostaríamos que nos fizessem"[40], o que gostaríamos não apenas que os outros nos fizessem, mas que Deus nos fizesse... é também um dos deveres que nos prescreve a caridade para com o próximo. Isso atinge os *pensamentos*, as *palavras*, as *ações*. *Não pensar* dos outros o que não queremos que Deus pense de nós, ...*não dizer dos outros* o que não queremos que Deus diga de nós, ...*não fazer aos outros* o que não queremos que Deus nos faça. ...E

---

40. Cf. Mt 7,12.

esse dever Deus o sanciona aqui com uma ameaça e uma promessa: declara-nos que tudo o que fizermos de bem ou de mal ao próximo nos será feito por Deus; *Deus usará conosco exatamente a mesma medida que usamos com os outros*, e nada é mais justo, uma vez que os outros são o seu corpo místico, alguma coisa dele, é Ele, é Jesus, Jesus em seus membros, Jesus em seu corpo. ...Portanto, é muito justo que Jesus nos trate como nós o tratamos.

28 *"Por que você vê uma palha no olho do seu irmão e não vê uma trave no seu" (Mt 7,3).*

Amor ao próximo. Mais um dos deveres que esse amor nos impõe: não examinar nosso próximo para ver seus defeitos, não fazer seu exame de consciência em vez de fazer o nosso. Se há algo nele que involuntariamente nos choca, não nos detenhamos nisso; não nos determos voluntariamente nos defeitos daqueles que amamos. Se amamos o próximo devemos olhar, ver suas qualidades, o bem que está nele, e não seus defeitos. ...O amor é cego, como dizem; ele vê somente o bem naquilo que ama; reconheçamos assim se amamos o próximo; se vemos nele o bem, se esperamos tudo dele, se ficamos contentes em ver nele suas qualidades, em louvá-las, em ouvi-las sendo louvadas, se é para elas que nosso espírito e nosso coração se voltam constantemente, podemos então esperar um início de amor por todos. Mas se nosso espírito só vê os defeitos, só se detém diante dos vícios, permanece em observação diante das imperfeições dos outros, não elogia e não gosta de ouvir elogios sobre eles. Oh! aquele que tem tal espírito de maledicência e de amargura está infinitamente longe da caridade, ...e um coração tão frio e tão amargo para os outros não poderia ser quente nem doce para Deus; pois temos apenas um coração; ele é tudo, frio, quente ou morno, todo doce ou todo amargo... Que aquele que sente em si esses tristes sintomas trema: é a ele que Deus chama aqui de *hipócrita; hipócrita* em seu pretenso amor por Deus, *hipócrita* em seu pretenso amor por todos. ...Que ele trema e se corrija, que peça humildemente a Deus sua conversão e nela trabalhe constantemente, pois no momento ele está, como dizia São Bento, "possuído por um zelo mau que conduz ao inferno"[41].

29 "Tudo o que você quer que os homens lhe façam faça a eles. Esta é a Lei e os Profetas" (Mt 7,12).

Amor ao próximo. O que queremos que os outros nos façam, em pensamentos, em palavras e em ações, façamo-lo em relação a eles... O que queremos que os outros sejam sejamo-lo com eles... *O que queremos que Jesus seja para nós, em pensamentos, em palavras, em ações, sejamo-lo para todos.*

30 "Eu quero, seja curado" (Mt 8,3).

Amor ao próximo. Jesus veio para salvar as almas e não para curar os corpos, ...e, todavia, Ele não para de curar os corpos, de aliviar todos os males dos corpos, de consolar todas as dores dos corações, ...e quando en-

---

41. *Regra*, cap. LXXII.

via seus discípulos lhes diz: *"Preguem* e *...curem"*[42]. ...Foi a toda sua Igreja e a cada fiel que Ele deu essa dupla missão: trabalhar na salvação das almas e no alívio dos corpos e dos corações. ...Então, como Ele, façamos todo o bem possível às almas primeiro, aos corpos depois, a ambos sempre, sem outros limites do que aqueles impostos pela obediência aos legítimos representantes de Deus. ...Duplo dever bem doce, bem santo, obrigação infinitamente sagrada, uma vez que todo ser humano é matéria próxima ou distante do corpo místico de Jesus; por conseguinte, como porção do corpo de Jesus, membro de Jesus, e dessa forma tudo o que fazemos a um ser humano, em sua alma ou em seu corpo, nós o fazemos a Jesus.

31 *"Irei e curá-lo-ei" (Mt 8,7).*

Amor ao próximo. Fazer todo o bem possível às almas e aos corpos de todos nós, às almas primeiro, aos corpos depois, a ambos sempre, sem outros limites do que os impostos pela obediência aos representantes de Deus... é fazer o bem aos membros de Jesus, às porções do corpo de Jesus, e – uma vez que a cabeça recebe tudo o que fazemos aos membros – ao próprio Jesus[43].

32 *"Ele tocou sua mão e a febre o abandonou" (Mt 8,15).*

Amor ao próximo. Fazer a todos todo o bem possível, no corpo e na alma, sem outros limites do que aqueles

---

42. Mt 10,7-8.
43. Cf. Mt 25,40.

impostos pela santa obediência, pois todo bem feito a um ser humano em sua alma ou em seu corpo é feito a um membro de Jesus, ou seja, ao próprio Jesus, uma vez que a cabeça recebe tudo o que fazemos ao corpo; quando alguém pisa no pé a cabeça diz: "Você está me machucando"[44].

33 *"Ele expulsou os espíritos impuros e curou todos os que tinham dor" (Mt 8,16).*

Amor ao próximo. Fazer todo o bem possível a todos, às almas primeiro é o mais importante, aos corpos depois, mas a ambos sempre, quando isso nos é possível, sem outros limites do que aqueles impostos pela obediência aos representantes legítimos de Deus... pois todo bem que fazemos a uma alma ou a um corpo nós o fazemos a um membro de Jesus – uma vez que todos fazemos parte de seu corpo místico, uns como matéria próxima, outros como matéria distante –, e, portanto, nós o fazemos ao próprio Jesus, assim como Ele diz em Mateus[45].

34 *"Entrando no barco Ele atravessou o lago" (Mt 9,1).*

Amor ao próximo. Que tua bondade exploda, meu Deus, em toda essa passagem: Tu *curaste* o possuído, fazendo esse bem ao seu corpo e à sua alma... Tu espalhaste

---

44. Cf. S. BERNARDO. *Ep. 243 ad Romanos* (1146), 2, P. L., t. 182, col. 438 cc.

45. Cf. Mt 25,40.

em sua alma *grandes graças*, inspirando-lhe o desejo de te seguir... Tu fazes *bem às almas* desse país ao curar, pregar o Evangelho entre elas... Tu te mostras *infinitamente doce*, deixando esse país e, a pedido dos habitantes, retornando ao teu barco sem nada dizer. ...Façamos também *o bem às almas e aos corpos* e sejamos, com todos, *doces e condescendentes* como Ele.

35 *"Tenha confiança, meu filho, seus pecados foram perdoados; levante-se, tome sua cama e vá" (Mt 9,2-6).*

Amor ao próximo. Jesus *consola* com doces palavras: "confiança, meu filho!" ...*cura a alma*, e, por fim, *cura o corpo*. ...A exemplo dele, façamos todo o bem possível às *almas*, santificando-as; aos *corações*, consolando-os; *aos corpos*, dando-lhes aquilo de que precisam, sem outros limites a esses atos do que aqueles impostos pela santa obediência. Todos são membros de Jesus, porção do corpo de Jesus; tudo o que lhes fazemos, fazemos então a Jesus, que é a cabeça desse corpo (Mt 25).

36 *"Não são os sadios que precisam de médico, mas os doentes" (Mt 9,12).*

Amor ao próximo. Todos devem ser igualmente amados, os ricos e os pobres, os felizes e os infelizes, os sadios e os doentes, os bons e os maus, pois todos são membros do corpo místico de Jesus (matéria próxima ou distante), e, portanto, membros de Jesus, porção dele, ou seja, infinitamente veneráveis, amáveis e sagrados. ...Mas devemos nos ocupar de cada um deles na medida de suas necessidades, contentar-nos de ter um sorriso terno e, se necessário, palavras muito ternas para com os ricos, os felizes, os sadios, os bons e sermos atenciosos para com os pobres, os infelizes, os doentes, os pecadores e para com todos aqueles que têm necessidades corporais ou espirituais; nosso amor deve ser igual para com todos; nossos recursos, nossos cuidados, nosso tempo para aqueles que têm as maiores necessidades. O próximo é o corpo de Jesus presente diante de nós; Ele tem membros feridos, ensanguentados, doloridos e outros saudáveis; sem deixar de venerar os sadios nem os outros, é diante de seus membros ensanguentados que cairemos de joelhos, tratando, cuidando, dando-lhes todos os alívios que pudermos. Seria *loucura* não cuidar de seus membros feridos e começar a perfumar seus membros sadios, ainda que, com efeito, estes sejam dignos de todos os perfumes do universo[46]. É esse pensamento que nosso Senhor expressa aqui. E muitas vezes Ele o expressa sob diversas formas: "O Bom Pastor deixa as noventa e nove ovelhas fiéis para ir procurar a ovelha infiel..."[47] Quando você preparar uma refeição não convide nem os amigos, nem os pais, nem os vizinhos, mas os pobres e os cegos"[48].

38 *"Quero a misericórdia, e não o sacrifício"[49] (Mt 9,13).*

Amor ao próximo. Tu valorizas, Jesus, a *misericórdia*, a inclinação de nossos corações para os miseráveis,

---

46. Cf. S. BERNARDO. *Ep. XLII*, cap. 2, P. L., t. 182, col. 812-816.

47. Mt 18,12.

48. Lc 14,12-13.

49. Aqui também a numeração do original omite o número 37.

para lamentá-los e aliviá-los, mais do que o *sacrifício*, mais do que a mortificação e as pompas do culto, as doações feitas para a ornamentação de teus templos: Tu não dizes que não é preciso se mortificar e fazer doações aos templos...[50] É preciso, mas em segundo lugar. Em primeiro lugar é preciso estar cheio de ternura para com os infelizes, inclinar fraternalmente nossos corações para eles e fazer tudo o que podemos, apenas nos limites traçados pela santa obediência, para aliviá-los o máximo possível; sabendo que assim aliviamos teus membros, teu corpo; ou seja, Tu mesmo, ó Jesus![51]

39 *"Não vim chamar os justos, mas os pecadores" (Mt 9,13).*

Amor ao próximo. Amemos todos igualmente, pois todos têm uma dignidade infinita, bem superior à do bem que pensamos ver neles, por mais verdadeiro e por maior que este possa ser, uma vez que todos eles são, enquanto estão vivos, membros de Jesus (como matéria próxima ou distante de seu corpo místico); mas, a exemplo de Jesus, não cuidemos deles de maneira igualitária. ...Como membros de Jesus, todos eles têm o direito ao mesmo respeito, ao mesmo amor, à mesma veneração, ao mesmo culto; mas o corpo de Jesus se apresenta a nós, composto de membros, uns sadios (os justos, os felizes, os ricos etc. etc., todos aqueles que não precisam de nosso auxílio nem para suas almas nem para seus corpos), ou-

---

50. Cf. S. BERNARDO. *Apologia*, cap. 12, n. 28-29. Ed. J. Leclercq, vol. III, p. 104-107.

51. Cf. Mt 25,40.

tros doentes (os pecadores, os infelizes, os pobres etc., todos aqueles cuja alma, coração ou corpo precisam de nosso auxílio); antes de ungir com perfume os membros sadios de Jesus é evidente que devemos tratar seus membros ensanguentados, feridos, doentes; antes de prodigalizar aos bons e aos ricos nosso tempo e nossos recursos é preciso correr para os pecadores e para os pobres, para todos aqueles cuja alma está em perigo ou que sofrem, e dar-lhes todos os cuidados espirituais e materiais que a santa obediência nos permite lhes dar.

40 *"Mestre, minha filha está morta... Jesus se levantou e o seguiu" (Mt 9,18-19).*

Amor ao próximo. Não basta fazer todo o bem que podemos a todos, em seu corpo e em sua alma, porque todos são os membros de Jesus; também é preciso fazer-lhes esse bem com a terna solicitude, com a boa graça, com a amabilidade, com a pressa que aqui Jesus mostra.

41 *"Tenha confiança, minha filha; sua fé a curou" (Mt 9,22).*

Amor ao próximo. Como Jesus, façamos bem às almas e aos corpos de todos, façamo-lo na maior medida possível, sem outros limites do que aqueles que nos traça a santa obediência. ...Façamo-lo com a graça, a amabilidade, a solicitude, a terna bondade que vemos aqui em Jesus. ...Todos os seres humanos são membros de Jesus (todos são matéria próxima ou distante de seu corpo místico); portanto, todos fazem parte de Jesus, são alguma coisa de Jesus, são uma porção de Jesus; tudo o que lhes fazemos, fazemos, pois, a Jesus.

42 *"Ele tocou seus olhos e eles se abriram" (Mt 9,29-30).*

Amor ao próximo. Fazer o maior bem a todos tanto em suas almas como em seus corpos; em suas almas primeiro, pois isso é infinitamente mais importante, mas também em seus corpos, quando podemos, pois o corpo de todo ser humano é sagrado: o corpo humano pertence a um membro de Jesus, a uma porção do corpo de Jesus; tudo o que lhe fazemos é, pois, feito a um membro de Jesus, ao corpo de Jesus, ou seja, a Jesus[52]. Não tenhamos, portanto, outros limites em nossas obras de caridade do que as impostas pela santa obediência.

43 *"Ele expulsou o demônio, e o mudo falou" (Mt 9,33).*

Amor ao próximo. Fazer a todos todo o bem possível, tanto em suas almas quanto em seus corpos, pois todos são os membros de Jesus (como matéria próxima ou distante de seu corpo); portanto, é ao próprio Jesus que fazemos tudo o que lhes fazemos... Não ter em nossas obras de caridade outros limites do que aqueles impostos pela santa obediência.

---

52. Cf. Mt 25,40.

44 "Jesus percorria todas as cidades e os vilarejos, ensinando, pregando o Evangelho e curando" (Mt 9,35).

Amor ao próximo. Como Jesus, fazer o bem a todos, tanto às suas almas, que é de longe o mais importante e está indicado em primeiro lugar entre as obras de nosso Senhor, como aos seus corpos, que só vêm em segundo lugar, mas que nunca, nunca, devem ser omitidos, porque, de um lado, vemos que nosso Senhor não os omite e, do outro, Ele nos recomenda fortemente de nunca omitir; enfim, porque o bem feito ao corpo, tanto quanto aquele feito às almas do próximo, é feito ao próprio Jesus, do qual todo ser humano é realmente membro, como matéria próxima ou distante de seu corpo místico[53].

45 "Vendo a multidão, Ele teve piedade dela" (Mt 9,36).

Amor ao próximo. Tenhamos piedade... não nos contentemos de fazer o bem aos corpos e às almas, mas sejamos ternos, bons, doces, suaves para com todos, não apenas em palavras e em ações, mas também em pensamentos... tenhamos não apenas a boca e as mãos abertas para fazer o bem a toda alma e a todo corpo dentro dos limites prescritos pela santa obediência, mas também o coração aberto: *apiedar-se* com *bondade*, com *ternura* enquanto estivermos vivos nesta terra, com *compaixão*, de todos os males das almas e dos corpos.

---

53. Cf. Mt 25,40.

46 "Peçam ao mestre da colheita para enviar trabalhadores para a colheita" (Mt 9,38).

Amor ao próximo. Um dos deveres que o amor ao próximo nos impõe é rezar por ele, rezar *por tudo o que ele precisa, pelo bem de sua alma e pelo bem de seu corpo*, na medida em que devemos desejar o bem dos *membros de nosso Senhor Jesus...* Mais do que qualquer outro, ainda que haja muitos outros, é esse motivo – todo ser humano é membro de Jesus – que deve nos fazer rezar tanto, desejar tanto todo bem para todas as almas e todos os corpos; pois ao desejar-lhes o bem não é a seres humanos que o desejamos, é ao próprio Jesus, a Jesus em seu corpo, a Jesus em seus membros. Também não é segundo a medida de nosso amor por eles que é preciso rezar pelas almas e pelos corpos deles, é segundo a medida de nosso amor por Jesus.

47 "Ele lhes deu o poder de expulsar os espíritos impuros e de curar toda enfermidade" (Mt 10,2).

Amor ao próximo. Ao enviar os doze apóstolos para pregar o Evangelho nosso Senhor lhes deu uma dupla missão: curar a alma e o corpo; a primeira antes, o segundo depois. Foi o que Ele mesmo sempre fez. É o que a Igreja sempre fez desde seus primeiros dias, pois pelas mãos dos apóstolos e dos primeiros diáconos cuidou dos pobres, das viúvas, dos doentes, e agora ela de certa maneira cuida não apenas por meio de todos os cristãos, como também de uma maneira tão particular por meio de muitas ordens religiosas. Façamos, da mesma forma, todo o bem possível, segundo a santa obediência, primeiro às almas e depois aos corpos; a ambos sempre.

48 *"Preguem... curem... Vocês receberam de graça, deem de graça" (Mt 10,7-8).*

Amor ao próximo. Façamos o bem às almas, preguemos para elas, seja com nossas palavras, se recebemos de Deus a missão para isso, seja principalmente com nossos exemplos, com nossas preces, com nossa santidade interior (a qual as beneficia pela comunhão dos santos). ...Façamos o bem aos corações, aos corpos na medida em que a santa obediência nos permite, e sobretudo com nossas preces. ...Tudo o que recebemos, seja espiritual, seja materialmente, nós o recebemos de graça; portanto, vamos dá-lo sem contar, vamos devolvê-lo a Jesus, de quem o recebemos, dando-o aos seus membros, vamos dá-lo infinitamente, nos únicos limites da obediência... *tanto quanto a obediência nos permite*, vamos dá-lo, vamos dar tudo o que temos e tudo o que somos, todos os nossos bens espirituais e materiais para o bem dos membros de Jesus, para o bem, portanto, do próprio Jesus; isso é devolver a Jesus o que recebemos dele. Oh! Sim: vamos dar de graça a Jesus o que dele recebemos de graça!

49 *"Em qualquer casa que você entrar diga: 'Paz nesta casa'" (Mt 10,12).*

Amor ao próximo. Com palavras ou com uma prece interior desejemos a paz, o bem, a santificação de todos aqueles com quem nos relacionamos. ...Assim como no fundo do coração e em nossas preces diárias pedimos esse bem para todos. ...É preciso fazer esses desejos em voz alta *quando for vantajoso para as almas*: há casos em que nossas palavras lhes seriam inúteis, ainda que excelentes em si mesmas; então contentemo-nos com um grito interior em direção a Deus.

50 *"Todo aquele que der um copo d'água a um desses pequeninos porque eles são meus discípulos... não perderá sua recompensa" (Mt 10,42).*

Amor ao próximo. É preciso dar a todos, dar às almas e aos corpos. ...Dar, não na intenção de todos, mas na intenção de Deus. ...dar a todos seja porque são membros de Jesus, e assim dar a eles é dar a Jesus[54], ...seja, como está dito aqui, porque todos são discípulos de Jesus; se, com efeito, nem todos seguem Jesus, todos *são chamados* por Jesus, todos são catequisados, ensinados, resgatados por Jesus, todos *têm a vocação* de serem fiéis servidores, e talvez se tornem assim (e devemos trabalhar para que o sejam: "preguem para todas as criaturas")[55].

51 *"Os cegos veem, os mancos andam... e os pobres são evangelizados" (Mt 11,5).*

Amor ao próximo. Fazer o bem às almas e aos corpos de Jesus, porque todos são membros de Jesus, discípulos de Jesus, irmãos de Jesus, ...fazer o bem às suas

54. Cf. Mt 25,40.
55. Mc 16,15.

almas pelas quais Jesus morreu, ...fazer o bem aos seus corpos, pois é fazer o bem ao corpo de Jesus, uma vez que todos são seus membros (Mt 25), ...fazer o bem aos seus corpos e às suas almas com um zelo ainda maior do que o bem feito aos seus corpos, e feito também, como vemos aqui, *tanto às suas próprias almas quanto às almas dos outros*, e que o bem feito às suas almas também é feito *às almas dos outros*, como nos mostra também a presente passagem.

52 *"Sou manso e humilde de coração" (Mt 11,29).*

Amor ao próximo. *A mansidão*, a mansidão nos pensamentos, nas palavras, nas ações. ...Nada de rudeza, de dureza, de violência e de amargor, mas sempre a terna bondade, a mansidão afetuosa com a qual Jesus nos dá o exemplo. ...Mesmo quando o dever nos força à severidade, como aconteceu a Jesus com os vendilhões do templo, ser severo como um pai que castiga para curar, e não como um inimigo, deixar ver que se a mão corrige, o coração está sempre pronto a receber o pecador arrependido e os braços sempre dispostos para se abrirem e abraçarem os filhos penitentes.

53 *"Ele lhes disse: 'Vocês não leram...?'" (Mt 12,3).*

Amor ao próximo. Jesus defende seus apóstolos contra aqueles que os atacam com seus discursos. É um dever de caridade que devemos aos nossos irmãos, a exemplo de Jesus, que nunca deixou de defender os seus, os inocentes pelos quais era responsável, suas ovelhas, os apóstolos, Madalena, com palavras ou com atos, como no Jardim de Getsêmani[56]. ...Defendamos, pois, com nossas palavras e, se necessário, com nossos atos, os inocentes pelos quais nos responsabilizamos quando são atacados injustamente.

54 *"Quero muito mais a misericórdia do que o sacrifício" (Mt 12,7).*

Amor ao próximo. Deus nos mostra que Ele coloca a misericórdia, a bondade, a caridade para com o próximo, em pensamentos, em palavras e em ações, antes do sacrifício, antes das oferendas que poderíamos fazer diretamente a Deus, preces, austeridades, doações às Igrejas... Deus nos diz assim que aquilo que lhe damos em seus membros sofredores é para Ele uma doação mais agradável do que aquela dada diretamente com os exercícios de seu culto, com a ornamentação de suas Igrejas, com o incenso de nossas preces, com a mirra de nossas mortificações. E isso é compreensível, pois com todos esses sacrifícios, com toda essa doação feita com nossa alma, com nosso corpo e com nossos bens em nossas preces e em nossa obediência a uma regra, em nossas mortificações e em nossa castidade... em nosso despojamento completo e em nossa pobreza voluntária, queimamos de certa forma um incenso e nós mesmos com tudo o que temos e com tudo o que somos, como incenso, como sacrifício a seus pés; é uma doação completa, total, perfeita, mas da qual Ele precisa menos – *se podemos falar*

---

56. Jo 18,8-9.

assim – do que ser cuidado, tratado, aliviado em seus membros feridos, ensanguentados, doentes. ...Por isso esse *sacrifício*, mesmo o mais completo, o mais perfeito, é somente um *conselho*, ao passo que a *misericórdia* é um *preceito*. ...Aqueles que seguem o preceito sem seguir o conselho fazem mais, são mais agradáveis a Jesus do que aqueles que seguem o conselho, mas não cumprem o preceito; estes últimos não poderiam de modo algum agradar a Deus, uma vez que o desobedecem e se apresentariam de mãos vazias diante dele, e como não cumprem os preceitos, Deus nunca aceitará seus sacrifícios, por maiores que sejam. ...Aqueles que seguem tanto o preceito quanto o conselho são perfeitos, e ainda mais perfeitos porque cumprem tanto um quanto outro da forma mais completa; *mas nunca devem se esquecer desses amigos de Deus, ainda que se esforcem de todo coração para cumprirem perfeitamente tanto o preceito quanto o conselho, nunca devem se esquecer de que a primeira posição pertence ao preceito e que por maior que seja o cuidado dado à perfeição dos sacrifícios, ele deve ser ainda maior à perfeição da misericórdia.*

55 "Ele disse: 'Estenda sua mão...' Ela a estendeu e se tornou sã" (Mt 12,13).

Amor ao próximo. Façamos o bem a todos, em suas almas e em seus corpos; às almas primeiro, aos corpos depois, a ambos sempre, sem outros limites que a santa obediência. ...Isso é fazer o bem a Jesus[57], uma vez que todos são membros, fazem parte de seu corpo.

---

57. Cf. Mt 25,40.

56 "Muitos o seguiram e Ele curou a todos" (Mt 12,15).

Amor ao próximo. Imitemos Jesus fazendo o bem às almas e aos corpos de todos; *obedeçamos* a Jesus fazendo o bem às almas e aos corpos de todos; *amemos* Jesus fazendo o bem às almas e aos corpos de todos, que são seus membros, partes de seu corpo, ou seja, uma porção dele mesmo. ...Não tenhamos outros limites nas obras de caridade espiritual e material do que aquelas fixadas pela santa obediência a Deus e aos seus representantes autênticos.

57 "Ele não gritará, não disputará; não ouviremos sua voz nas praças; não quebrará o junco rachado e não apagará a mecha fumegante" (Mt 12,19-20).

Amor ao próximo. A *doçura*, a *mansidão* e o *espírito de paz* também fazem parte da caridade devida ao próximo; gritaríamos, disputaríamos com irmãos? Deus quer que nos conduzamos entre nós como ternos irmãos. ...Gritaríamos, disputaríamos com Jesus? Tudo o que fazemos aos outros nós o fazemos a Jesus[58], pois todos são seus membros (em certa medida). ...A *bondade*, a *mansidão*, o espírito *de bom pastor* que "tudo crê, tudo espera"[59], que "não quer a morte do pecador, e sim que ele se converta e que ele viva"[60], que cuida mais dos doentes do que dos sãos, das ovelhas desgarradas do que do resto do rebanho, que não quebra o junco rachado, mas se empenha em repará-lo, que não apaga a mecha

---

58. Mt 25,40.

59. 1Cor 13,7.

60. Ez 33,11.

ainda fumegante, mas se empenha para reacendê-la, esse espírito, esse *zelo para com as almas e esse zelo para com a conversão dos pecadores* também fazem parte da caridade devida ao próximo. ...Se prestarmos um ótimo trabalho a Jesus cuidando de seus membros doentes em seus corpos, como Ele estará melhor se nos esforçarmos para curar seus membros doentes em suas almas: ao cuidar de seus corpos nós aliviamos Jesus por um instante; ao cuidar de suas almas nós devolvemos a Jesus seus membros pela eternidade.

58 "Apresentaram-lhe um possuído cego e mudo, e Ele o curou" (Mt 12,22).

Amor ao próximo. Fazer todo o bem possível a todos, tanto em suas almas quanto em seus corpos, sem outro limite para nossas obras de caridade do que aquelas impostas pela santa obediência. ...É *imitar* Jesus ...é *obedecer* a Jesus[61] é *amar* Jesus (pois todo o bem feito a um ser humano é feito a Jesus[62], uma vez que todo ser humano é membro de Jesus e porção de seu próprio corpo.

59 "Todo aquele que faz a vontade de meu Pai que está no céu é meu pai, minha irmã e minha mãe" (Mt 12,50).

Amor ao próximo. Além do grande, do imenso amor que devemos a todo ser humano por tantas razões, mas acima de tudo por ser *membro de Jesus, porção de Je-*

---

61. Mt 25,35-36.
62. Mt 25,40.

sus, ...devemos a certos seres humanos um amor especial por motivos especiais; por exemplo: quando é evidente, como acontece às vezes, que uma alma é particularmente santa, particularmente amiga de Deus; pois, então, a todos os outros grandes motivos de amor se adiciona o da certeza de que essa alma é especialmente amada de Deus, ama a Deus em um grau máximo e é considerada por Jesus como "seu irmão, sua irmã, sua mãe"...[63] Em sua regra, São Bento diz que é preciso abraçar todos os seus irmãos com um mesmo e igual amor, mas que, no entanto, se alguém se sobressai pelas virtudes e pela santidade, ele merece uma predileção[64]. São João da Cruz diz que é preciso amar a todos como Deus os ama (para termos nosso coração conforme ao de Deus), que Deus ama cada um na proporção do bem que está nele, e que nós, ignorando a medida do bem que está em cada um, devemos amar a todos com um igual amor na intenção Deus[65]; no entanto, é verdade que, embora para a grande maioria, para a quase totalidade dos seres humanos, nós ignoremos o bem que está neles, para alguns, para as almas de uma santidade eminente, esse bem superior à média que está neles é evidente, e que, apoiados nessa evidência, podemos, nesta terra, conformar nosso coração ao de Deus em relação a essas almas excepcionais, dando-lhes um amor superior à média..., uma vez que vemos com clareza que têm uma virtude superior à média e que, portanto, Deus tem por elas um amor superior à média... Mas essas exceções, esses santos cuja santidade é evidente quando vivos, são raras; salvo essas raríssimas

---

63. Cf. Mt 12,50.

64. *Reg.* 2.

65. Cf. SÃO JOÃO DA CRUZ. *Avis et Maximes IV*, n. 183-184.

exceções, é preciso, como diz São João da Cruz, amar a todos com um amor igual (mesmo cuidando bem mais daqueles de que Deus nos encarregou de cuidar mais).

60 *"Ele lhes disse muitas coisas em parábolas" (Mt 13,3).*

Amor ao próximo. Zelo pelas almas. ...mostrar as verdades ocultas aos ignorantes... mostrar-lhes até as verdades que não afetam diretamente a religião, mas que a afetam indiretamente, dando-lhes os meios de viver uma vida laboriosa, honesta, de ganhar o pão cotidiano honestamente... e também as verdades que, mesmo não afetando diretamente a religião, a afetam indiretamente, preparando o espírito para recebê-las e conservá-las, dando ao espírito mais força para crer nelas: estas são as verdades ensinadas pela filosofia. ...Dar todos esses ensinamentos faz um grande bem às almas, a essas almas "pelas quais Cristo morreu"[66] ..."que são os membros de Jesus"[67], e dá-los é uma boa obra e um dos deveres impostos pela caridade, pois é uma imitação de Jesus, que "ensinava muitas coisas[68]. ...Na verdade, nem todos têm a missão de dar tais ensinamentos, que são da alçada das obras apostólicas; no entanto, *todos têm o dever de contribuir*, ajudando com suas preces, com sua estima, com seus encorajamentos, com sua terna afeição, com seus auxílios materiais, na medida de suas possibilidades, com aqueles que cumprem essas funções tão úteis para as almas.

---

66. 2Cor 5,15.

67. 1Cor 6,15.

68. Cf. Mc 4,2.

61 "Ele os ensinava em suas sinagogas" (Mt 13,54).

Amor ao próximo. Zelo pelas almas... Façamos o bem às almas, empregando todas as formas ao nosso alcance, todas aquelas que a santa obediência nos permite empregar. Rezar, amar, santificar a si mesmo, fazer penitência, dar o bom exemplo, ser afável, entregar-se a todas as obras de misericórdia, instruir e consolar, punir, defender... eis outras tantas formas de fazer o bem às almas. Nem todas estão destinadas a ser empregadas por cada um de nós; cada um de nós emprega aquelas que a obediência ao nosso diretor nos deixa empregar. Algumas delas são para todos, como rezar, amar, santificar a si mesmo, fazer penitência, dar o bom exemplo, ser afável: dediquemo-nos a elas sempre.

62 "Ele viu uma multidão, apiedou-se dela e curou os doentes" (Mt 14,14).

Amor ao próximo. *Ter piedade, apiedar-se* diante dos males da alma e do corpo, esta é uma das marcas de amor que devemos a todos: devemos amá-los com um amor intenso, pois cada um deles é um membro de Jesus, uma porção de Jesus, alguma coisa do próprio Jesus; mas devemos nos sentir atraídos mais particularmente, mais ternamente, por aqueles que sofrem, que precisam, que necessitam, cuja alma ou corpo está em desespero. ...Devemos nos comover, nos enternecer pela piedade, pela compaixão para com eles. ...Não apenas são membros de Jesus, mas são membros sofredores, ensanguentados, feridos, doloridos de Jesus. ...E assim como devemos sentir essa ternura particular para com eles, também devemos socorrê-los com nossas palavras e nossas ações, na medida em que isso nos é possível, sem outros limites que a obediência a Deus e aos seus representantes, como se socorrêssemos Jesus ferido em seus membros[69]. É Ele quem recebe tudo o que fazemos, uma vez que são uma porção dele.

63 *"Ele tomou os pães e os peixes... abençoou-os... e os deu" (Mt 14,19).*

Amor ao próximo. Dar àqueles que têm fome é um dos deveres que a caridade nos impõe... e nisso como em tudo é preciso "amar aos outros como a si mesmo"[70], como nosso Senhor tantas vezes nos dá o preceito, e tantas e tantas vezes também o exemplo... É preciso, pois, partilhar entre irmãos com aqueles que têm fome, não guardar para si todo o peixe e fazê-los jantar com pão seco, mas fazer como Jesus, ou seja, dar-lhes tanto o pão quanto o peixe, partilhar com eles tudo o que temos, como com irmãos, pois "todos são irmãos"[71], como fazemos conosco mesmos: "amem aos outros como a si mesmos"[72] (o que é um *preceito*, e não um conselho, Mt 25), como devemos agir com um membro de Jesus, pois "tudo o que você faz a um desses pequeninos, você faz a mim... tudo o que você não faz"...[73] E partilhar então com aqueles que precisam faz tanto bem às suas almas! Enternece tanto seus corações! Toca-os com uma emoção tão doce! Faz chegar ao coração e aos lábios

---

69. Mt 25,35-40.

70. Mt 22,39.

71. Mt 23,8.

72. Cf. Mt 19,19.

73. Mt 25,40-45.

o amor e o louvor de Deus! Faz com que estimem mais a religião daqueles que partilham fraternalmente com eles. ...E que não digam que essa doutrina obriga a oferecer uma refeição suntuosa a todos os pobres que encontramos... pelo contrário; pois se imitarmos Jesus, nós mesmos só teremos uma refeição muito simples e, portanto, o que dividirmos com eles, mesmo sendo tudo o que temos, será muito pouco, será "pão e peixe" ...pão e uma fruta; se formos tão pobres quanto Jesus, nossas esmolas, mesmo sendo tão liberais quanto as suas, não serão loucura nem suntuosidade. ...Ah! Meu Jesus! De todo modo, não há ninguém a quem possamos fazer ouvir essa doutrina...; faça com que embora os outros não te sigam, eu ao menos te siga, embora os outros não te imitem, não te escutem, eu ao menos te imite, te escute! Partilhar com os outros, *todos os outros*, os mais desconhecidos, os mais repulsivos, os muito maus, como com um irmão, como comigo mesmo, como com um membro de teu corpo, como contigo – segundo teu *preceito*, segundo teu *exemplo* –, partilhar tudo, dar-lhes não apenas o pão, mas também o peixe... ter *como Tu* pouco para mim mesmo, e esse pouco partilhá-lo, *como Tu*, totalmente com todos, na intenção de todos: "o que vocês fazem a um desses pequeninos *fazem a mim!*"[74], e assim aliviar-te, não apenas no corpo, *mas na alma* de teu membro.

64 *"Todos aqueles que o tocavam eram curados" (Mt 14,36).*

Amor ao próximo. Fazer o maior bem possível às almas e aos corpos de todos os homens; às almas primei-

---

74. Mt 25,40.

ro, aos corpos depois, a ambos sempre, sem outros limites aos nossos atos do que aqueles que a santa obediência impõe. ...Precisamos lembrar sempre desses princípios: *"fazer aos outros o que gostaríamos que Jesus nos fizesse... Agir com os outros como um terno pai quer que seus filhos ajam entre eles... Agir com os outros como Jesus agiria em nosso lugar... Fazer o que há de mais útil para o bem das almas... Todo ser humano é um membro de Jesus, uma porção do corpo de Jesus; tudo o que nós lhe fazemos é ao próprio Jesus que o fazemos".*

65 *"E sua filha foi curada naquela hora" (Mt 15,28).*

Amor ao próximo. Fazer às almas e aos corpos de todos os homens todo o bem possível, respeitando apenas os limites da santa obediência... fazer o bem às almas primeiro (é o mais importante), mas também e sempre aos corpos, pois estes fazem parte dos membros de Jesus; e assim todo o bem que fazemos, seja às almas, seja aos corpos, sendo feito aos membros de Jesus, às porções do corpo de Jesus, é feito ao próprio Jesus[75].

66 *"Entre eles havia muitos mancos, cegos, mudos... e muitos outros; ...Ele curou a todos" (Mt 15,30).*

Amor ao próximo. Fazer todo o bem possível às almas e aos corpos de todos, sem outros limites que os impostos pela santa obediência: todo bem feito ao corpo ou à alma de um ser humano é feito a um membro de

75. Cf. Mt 25,40.

Jesus, a uma porção do corpo de Jesus, e é, portanto, recebido por Jesus[76].

67 *"Tenho piedade dessa multidão; ...não quero mandá-la embora em jejum" (Mt 15,22).*

Amor ao próximo. *Ter piedade*, ter compaixão, *inclinar ternamente seu coração* para aqueles que sofrem ou que necessitam é um dever que a caridade nos impõe: é uma parte da bondade, uma perfeição divina, é *a misericórdia*, e devemos praticá-la não apenas porque Jesus ordena e dá seu exemplo a todo momento, mas porque ela é o próprio Deus, uma vez que Deus é suas perfeições e que as perfeições divinas são Deus. ...Tenhamos, pois, sempre essa *ternura de coração inclinando-nos para todas as necessidades, todos os sofrimentos*, uma vez que tê-la é estar unido a Deus e que não a ter é estar separado de Deus. ...Dar de comer aos que têm fome é outro dever de caridade cujo preceito nosso Senhor nos deu várias vezes e cujo exemplo nos é dado aqui: vamos praticá-la segundo seus preceitos, ou seja, "amando o próximo como a nós mesmos"[77], tratando-o como tratamos a nós mesmos; ...tratando-o como nosso terno Pai: "Vocês são todos irmãos"[78]; ...tratando-o como um filho do Pai celeste: "Vocês têm um único Pai, que é Deus"[79], ...tratando-o como queremos que Jesus nos trate: "A medida que usarem com

---

76. Cf. Mt 25,40.

77. Mt 22,39.

78. Mt 23,8.

79. Mt 23,9.

os outros será usada com vocês"[80], ...tratando-o como um membro de Jesus, uma porção do corpo de Jesus, do próprio Jesus, portanto "tudo o que fizerem a um desses pequeninos, vocês farão a mim"[81], ...e sigamos também seu exemplo: Ele partilha tudo o que tem com os que têm fome; Ele tem apenas pão e peixe, dá-lhes pão e peixe; não lhes dá pão seco, guardando o peixe para seus discípulos, dá-lhes pão e peixe, tudo o que tem.

68 *"Tomando o pão e os peixes, Ele os partiu e os deu" (Mt 15,36).*

Caridade para com o próximo. Alimentemos aqueles que têm fome, assim como gostamos que o façam conosco, com essa mesma bondade, com essa mesma generosidade, com essa mesma fraternidade que gostamos de encontrar nos outros quando precisamos. Alimentemos aqueles que têm fome como desejamos que Jesus nos alimente. "Ele usará a mesma medida que tivermos usado"[82]. Alimentemo-los com esse amor, com esse respeito religioso, com essa felicidade terna, com esse reconhecimento de Deus que devemos ter ao pensar que esse ser faminto, que Deus nos envia, é um membro de Jesus, uma porção de seu corpo, e que tudo que fazemos a ele nós fazemos então ao próprio Jesus. Com tais pensamentos é evidente que jamais deixaremos partir aquele que tem fome sem ter partilhado com ele nossa refeição;

---

80. Mt 7,2

81. Mt 25,40.

82. Cf. Mt 7,2.

não apenas nosso pão, mas também nosso peixe, como no exemplo dado aqui por Jesus.

69 *"O demônio abandonou-a e a criança foi curada"* *(Mt 17,17).*

Amor ao próximo. Tratemos de curar as almas possuídas pelo demônio... com nossas preces, com nossas penitências, santificando a nós mesmos, amando-as e sendo ternos, bons, caridosos para com elas, mostrando-lhes em nós a bondade de Deus, dando-lhes sempre o bom exemplo, prestando-lhes todos os serviços possíveis, e também com outros meios se nossa condição e a vontade de Deus nos chamam. ...Tratemos de curar os corpos doentes com nossas preces – que é o meio mais eficaz – e com os meios naturais com os quais Deus quer que o sirvamos, pois foi para isso que os colocou ao nosso dispor. ...Cumpramos com grande zelo esse duplo dever para com as almas e os corpos: é aos membros de Jesus que fazemos esse bem; portanto, é o próprio Jesus que o recebe.

70 *"Aquele que recebe um desses pequeninos em meu nome recebe-me" (Mt 18,5).*

Amor ao próximo. "Receber Jesus", que coisa importante! Que felicidade para todos! E que dever para eles! Com que amor, com que respeito religioso, com que ternos cuidados, solicitude, alegria não devem receber aqueles que recebem Jesus. ...Ora, todos os seres humanos que recebemos, que se nos apresentam, é Jesus que recebemos neles, pois todos são os membros de Jesus, porções de seu corpo místico, algo dele mesmo, e Ele disse: "Tudo o que fizerem a um desses pequeninos é a mim que o farão[83]. ...E como entre seus membros há os que têm mais necessidade de serem bem recebidos, bem cuidados, que estão feridos, machucados, doloridos, são esses que Ele nos recomenda especialmente[84], ...e aqui Ele faz o mesmo, pois há uma classe de seus membros que tem necessidades bem particulares, membros fracos, débeis, precisando de grandes cuidados, são esses que Ele nos recomenda especialmente; esses membros especialmente necessitados são *as crianças*, cuja educação, para o corpo e mais ainda para a alma, precisa de tantos cuidados e tem uma importância tão grande. ...Nosso Senhor quer nos recomendar muito especialmente esse grave dever de caridade; por isso nos declara de uma maneira muito especial que quem cuida da educação das crianças faz a Ele mesmo todo o bem que faz a elas. ...Percebamos, pois, como é importante a educação das crianças, e façamos por ela, por essa grande obra, cada um segundo sua vocação, segundo a vontade de Deus para conosco, tudo o que nos for possível.

71 "O Filho do Homem veio salvar o que estava perdido... O bom pastor não deixa suas 99 ovelhas na montanha para procurar a ovelha desgarrada?" (Mt 18,11-12).

Amor ao próximo. Na medida do possível, fazer o bem a todos os seres humanos, a todas as almas, a todos

---

83. Mt 25,40.

84. Mt 25,34-36.

os corpos, ...pois todos os seres humanos são membros de Jesus, todas as almas e todos os corpos são porções do corpo de Jesus, e o bem que lhes fazemos, fazemos então a Jesus[85]. ...Mas cuidar de cada membro de Jesus segundo suas necessidades, começando por tratar dos membros doentes antes de perfumar os membros sãos; ocupando-se das ovelhas perdidas, das almas pecadoras antes de se ocupar das ovelhas fiéis; das almas justas, das almas ignorantes, fracas, débeis, em perigo antes de se ocupar das almas que estão bem; ocupando-se dos pobres antes de se ocupar dos ricos; dos doentes, dos infelizes, dos cansados, dos necessitados antes de se ocupar daqueles que não precisam de nada.

72 "Se um irmão pecar contra você, vá e repreenda-o. Se ele ouvir você o terá conquistado" (Mt 18,15).

Amor ao próximo. Repreender os pecadores, e em particular fazer a *correção fraternal* de que se trata aqui, é um dos deveres de caridade que é preciso cumprir em relação ao próximo quando Deus o indica. Mas ao cumprir esse dever é sempre preciso lembrar das palavras de nosso Senhor: "Se ele ouvir, você terá conquistado seu irmão", e fazer essa correção *por caridade, para conquistar a alma do culpado*, para o bem das almas, e não por alguma vantagem material; para o bem do próximo, e não para nossa vantagem pessoal. ...Deus é Amor, Deus age como todo ser segundo sua natureza, Deus age, pois, por amor. Disse-nos para imitá-lo, segui-lo, sermos perfeitos como Ele; ajamos então como Ele, por amor, por

---

85. Cf. Mt 25,40.

amor em tudo, e em particular na correção de nossos irmãos, como tão claramente indicam essas palavras de nosso Senhor.

73 "Se dois de vocês são unidos na terra, não importa o que peçam, meu Pai o fará. Ali onde dois ou três estão reunidos em meu nome, estou no meio deles" (Mt 19,14).

Amor ao próximo. Essa união que se traduz pela comunidade dos desejos, pela reunião dos corações e dos corpos pela prece comum, é um sinal de caridade fraternal que agrada tanto ao nosso Pai comum e a Jesus, nosso irmão comum, que eles o recompensam com os dons mais maravilhosos: às almas assim unidas, Deus concede tudo o que elas pedem e Jesus lhes faz a graça incomparável de vir e de permanecer entre elas. ...Portanto, amemos, pratiquemos tanto a união de preces quanto a prece comum que agradam tanto a Jesus, que convêm tão bem a ternos irmãos e que são tão divinamente recompensadas.

74 "Não digo que perdoe sete vezes, mas setenta vezes sete vezes" (Mt 18,22).

Amor ao próximo. Perdoar é também um dos deveres que a caridade nos impõe... Perdoar como queremos que Jesus nos perdoe... Perdoar como um terno pai que deseja que seus filhos se perdoem mutuamente... Perdoar como faz aquele que não tem outro desejo do que o bem das almas... Perdoar como Jesus o faria em nosso lugar... Perdoar os seres que são para nós tão santos, tão respeitáveis, uma vez que, por mais culpados que possam ser, eles permanecem membros de Jesus, membros doentes, feridos que então devem impulsionar ainda mais não nosso rancor, mas nossa piedade e nossa ternura. Quanto mais culpados, mais precisam ser cuidados, tratados, e o primeiro cuidado é perdoá-los, e em vez de alimentar o rancor, amá-los.

75 *"Deixai vir a mim as criancinhas" (Mt 19,14).*

Amor ao próximo. Doce bondade, graça, afabilidade terna e afetuosa com todos, com os pequeninos, com os mais desdenhados, os mais pobres, os mais repugnantes, os mais rejeitados, os mais culpados por vezes, os mais maculados, os mais ignorantes, com as criancinhas... Amor de predileção por aqueles que o mundo rejeita... doce acolhida sempre dada a todos, ...ternura especial pelas crianças, encantadoras por sua pureza e interessantes por suas necessidades; essa ternura especial pelas crianças nosso Senhor a mostra em várias passagens: "Quem recebe um desses pequeninos, recebe-me... não escandalizem essas crianças"[86], e sobretudo nesse tão doce "deixai vir a mim as criancinhas". ...Tudo isso faz parte da caridade que devemos ao próximo.

76 *"Se você quer ser perfeito, vá, venda o que tem, dê aos pobres; você terá um tesouro no céu" (Mt 19,21).*

Amor ao próximo. O primeiro grau, o primeiro passo na perfeição é amar o próximo a ponto de lhe dar

---

86. Cf. Mt 18,5-6.

todos os seus bens. Se amamos o próximo como a nós mesmos amaremos todos os pobres como a nós mesmos; portanto, trataremos cada um deles como a nós mesmos; portanto, dividiremos com cada um deles o que temos; são tão numerosos que, se começarmos a dividir com eles, logo seremos tão pobres quanto eles. ...É evidente que dar aos pobres e da maneira mais perfeita é dar aos estabelecimentos fundados para os pobres, como hospitais etc. e aos pobres voluntários que, além do mais, dão aos pobres involuntários o excesso de tudo o que recebem, assim como os religiosos, ...a toda pessoa que se servirá dessa doação para fazer esmolas espirituais ou temporais (é uma esmola indireta, mas isso permanece uma pura e perfeita esmola): as esmolas espirituais, fundações de paróquias, de escolas, de missões são uma esmola ainda mais benéfica, mais útil do que as esmolas temporais, bem longe de serem menos aconselhadas: elas vêm em primeiro lugar; a alma sempre vem antes do corpo, ainda que seja preciso cuidar de ambos.

77 "O Filho do Homem não veio para ser servido, mas para servir e dar sua vida em redenção de muitos" (Mt 20,28).

Amor ao próximo. *Servir* ao próximo nas necessidades de sua alma e de seu corpo. ...Servi-lo, primeiro prestando-lhe todos os serviços, fazendo-lhe todos os benefícios possíveis, em segundo prestando-lhe os serviços mais humildes, mais baixos, mais vis, verdadeiros serviços de criado, como aqueles que nosso Senhor prestou aos seus apóstolos, lavando os pés deles, como aqueles que todos os dias Ele prestou aos seus pais em Nazaré. ...*Dar* *sua vida em redenção para muitos* na intenção de Deus, como fez Jesus... consagrando, como Jesus, nossa vida a fazer o bem a todos na intenção de Deus; damos para eles por meio da oração, das penitências, das obras de zelo, de misericórdia, e se Deus nos apresentá-lo, pelo martírio, tudo na intenção de Deus. *...Nossa finalidade na terra, como a finalidade da Igreja, como a finalidade de Jesus, é a glorificação de Deus; ora, a glorificação de Deus consiste na maior perfeição possível de todos. ...Portanto, nossa vida deve ser consagrada ao maior aperfeiçoamento de todos na intenção de Deus. Esse aperfeiçoamento de todos compreende duas coisas: nosso próprio aperfeiçoamento e o de todos os outros; não há lugar para desejar nossa perfeição mais do que a dos outros, uma vez que o motivo desse desejo deve ser o mesmo para todos, a glorificação de Deus... Não há lugar para nos amarmos mais do que ao próximo, uma vez que devemos "amar aos outros como a nós mesmos"*[87] *e que o motivo tanto de nosso amor por nós mesmos quanto de nosso amor pelos outros é o mesmo, é único, é o amor de Deus por todos nós e o mandamento que Ele nos deu de amar a todos eles. Mas antes precisamos cuidar de nossa própria perfeição e mais particularmente dela, por obediência, porque somos muito mais responsáveis por ela. ...Da mesma forma, é preciso desejar igualmente a perfeição de todos e amá-los igualmente, e tudo apenas na intenção de Deus, mas cuidarmos primeiro e muito mais da perfeição daqueles que estão mais próximos de nós na vida, não na intenção deles e em consequência de um amor especial, mas por pura obediência a Deus, porque foi por isso mesmo que Ele os colocou perto de nós, encarregou-nos deles particularmente. ...Como vemos, nosso coração, bem como o da Igreja e o de Jesus, deve abraçar a todos; nossa finalidade*

---

87. Cf. Mt 22,39.

na terra, bem como a da Igreja e a de Jesus, é a glorificação de Deus pelo aperfeiçoamento de todos. Estaríamos, pois, muito longe de nossa finalidade, muito longe de nossa vocação, muito longe dessa imitação de Jesus, condição de nossa união com Ele, de todo amor e de toda santidade, se limitássemos nosso coração, nossos desejos, nossas obras a nós mesmos, à nossa perfeição, ou à de uma minoria ou de um certo número de almas. Não imitaremos Jesus, não amaremos Jesus, não estaremos unidos a Jesus enquanto nossos desejos e nossas obras não abraçarem o aperfeiçoamento de todos na intenção da glória de Deus. ...Entreguemos, pois, nossos pensamentos, nossas palavras e nossas ações, por toda nossa existência; entreguemos, como Jesus, nossa vida em redenção para muitos... *pois aperfeiçoar todos para oferecer a glória de Deus é nossa finalidade bem como é a sua finalidade.*

78 *"Apiedando-se deles Jesus tocou seus olhos e eles viram" (Mt 20,34).*

Amor ao próximo. *A piedade*, a *compaixão*, a *inclinação do coração* na direção de todos os miseráveis, na direção de todos cuja alma está doente, cujo coração está triste, cujo corpo sofre... e depois desse movimento, terno e cheio de bondade de coração, as obras de zelo e misericórdia, as palavras e os atos que tendem a levar o remédio na medida e de acordo com nossos meios, segundo a vontade de Deus a nosso respeito, a esses males da alma e do corpo, seja agindo perto de Deus pela prece, seja agindo em todos pelas palavras, seja colocando em ação os meios materiais... eis os deveres que nos impõe a caridade e cujo exemplo nos é dado aqui tão suavemente por nosso Senhor.

79 "Os cegos e os mancos foram até Ele, e Ele os curou"
(Mt 21,14).

Amor ao próximo. Façamos primeiro o bem às almas de todos, e depois na medida de nossas possibilidades aos seus corpos, sem outro limite do que aquele fixado pela santa obediência... É o preceito de Jesus[88], é seu exemplo constante, é o amor de seus filhos, dos seres resgatados de seu sangue, de suas criaturas, é o exercício da bondade, virtude divina, é fazer o bem ao próprio Jesus[89], uma vez que cada um é, de uma maneira próxima ou distante, membro de seu corpo; ou seja, algo dele mesmo. É também fazer o bem às almas de uma maneira muito eficaz.

80 "Dê a Deus o que é de Deus" (Mt 22,21).

Amor ao próximo. Alma, corpo, bens materiais, vida, tudo o que temos e tudo o que somos, todos os batimentos de nosso coração, todos os instantes de nossa vida recebemos de Deus, tudo pertence a Deus. Portanto, devolvamos, isto é, que todos os nossos bens materiais, que a nossa alma, o nosso corpo, que todos os instantes de nossa existência sejam unicamente consagrados a Ele, empregados unicamente *na intenção dele*, ou seja, de maneira a glorificá-lo o mais possível; isto é, segundo a sua vontade. ...Sua vontade nos é conhecida por meio de nosso diretor espiritual, que o representa junto a nós. ...Portanto, devolvamos a Deus tudo o que somos, fazendo tudo o que Ele nos diz. E o que Ele nos

---

88. Mt 25,35-36.
89. Mt 25,40.

diz? Primeiro: "Ame a Deus de todo coração, com todas as suas forças, com toda a sua alma, com todo o seu espírito; é o primeiro mandamento"[90]. Portanto, devolvamos a Deus todo nosso coração, uma vez que é *a primeira coisa que Ele nos pede!* Devolvamos todo nosso amor: esvaziemos nosso coração de todo amor pelo criado, de todo amor pelo que não é Deus, e ofereçamos o vazio de tudo, completamente... Ofereçamos a Ele nossa alma inteira, vazia de toda inclinação que não seja segundo Ele, que não seja conforme a Ele, vazia de tudo o que não é o que Ele próprio ali colocou, e disposta a tudo por Ele... Ofereçamos a Ele nosso espírito vazio de tudo o que não é Ele ou dele... Ofereçamos a Ele todas as nossas forças, tudo o que somos, usando-as somente para cumprir sua vontade, colocando-as em um santo repouso para tudo o que não é o cumprimento de sua vontade, e reservando-as só para Ele: "Guardarei minha força para Deus"[91]. Empreguemos todos os instantes de nossa existência, todos os nossos pensamentos, palavras e ações *somente na intenção de Deus,* uma vez que tudo nos vem somente dele. Devolvamos a Deus tudo o que temos e tudo o que somos, *obedecendo-lhe em tudo,* agindo, empregando todos os nossos instantes *na intenção dele,* uma vez que tudo nos vem dele.

81 "Você amará seu Deus de todo o seu coração, de toda a sua alma, de todo o seu espírito" (Mt 22,37).

Amor a Deus. Amemos a Deus *de todo o nosso coração,* mantendo-o absolutamente vazio de tudo o que não

---

90. Mt 22,37-38.
91. Sl 58,10.

é Deus, para que Ele o preencha sozinho, o que não quer dizer que não nos amemos nem amemos aos outros, e sim que não os amemos por eles e não nos amemos por nós; nós os amamos e nos amamos em Deus, porque os encontramos no coração de Deus, como alguma coisa de Deus, por Ele somente e nele)... Amemos a Deus *de todo nosso espírito*, ocupando nosso espírito somente com Ele, esvaziando-o de tudo o que não é Ele, para que Ele o preencha completamente e para que nosso pensamento seja constantemente ocupado somente com Ele, o que não quer dizer que não pensemos em nossos deveres e que não nos preocupamos em cumprir todas as nossas obrigações, e sim que nós o façamos unicamente porque ao pensar em Deus encontramos nele a vontade de que façamos isso ou aquilo; pensamos então no que temos de fazer nele e para Ele, e não por nenhuma outra causa... Amemos a Deus *de toda a nossa alma* consagrando somente a Ele todas as faculdades de nossa alma, aplicando somente para Ele todas as faculdades de nossa alma, entendimento, memória, vontade, esvaziando nosso entendimento, nossa memória, nossa vontade de tudo o que não é Ele, oferecendo-as vazias e inteiras para que Ele preencha todas elas, o que não quer dizer que nosso entendimento, nossa memória, nossa vontade não se exerçam em relação a nenhuma coisa criada, e sim que elas só serão feitas em Deus, porque encontrarão nele a vontade para que cuidem dessas coisas, elas só o farão por Deus, por uma impulsão especial de sua parte, elas só o farão por Deus, para obedecer-lhe, unicamente na intenção de Deus e de forma alguma na intenção de qualquer criatura.

82 "Ame a seu próximo como a você mesmo" (Mt 22,39).

Amor ao próximo. Façamos aos outros o que gostaríamos que nos fizessem. Sejamos para os outros o que queremos que Jesus seja para nós. Ajamos com os homens como fez e faria Jesus em nosso lugar. ...Amemos nosso próximo como a nós mesmos: façamos a ele todo o bem que gostaríamos que nos fizesse... Partilhemos com ele como se ele fosse um outro nós; e, com efeito, aos olhos de Deus ele não é como nós? Um ser semelhante, igual a nós, um filho amado como nós: se amarmos o próximo em Deus, como Deus o ama, para Deus, assim como ele é no coração de Deus, nós o amaremos exatamente como a nós mesmos, uma vez que Deus, como um terno pai, ama todos os seus filhos. ...Vejamos então em nós um filho de Deus e só nos amemos por isso, vejamos em todo ser humano um filho de Deus e não o amemos senão por isso, e assim nos amemos e amemos a todos com um mesmo e igual amor, não em nossa intenção nem na intenção deles, mas na intenção de Deus, no coração do qual somos uns e outros. ...Partilhemos o que temos com todos os que não têm, tanto os bens espirituais quanto os bens temporais: "Que aquele que tem duas túnicas dê uma delas àquele que não tem nenhuma... que aquele que tem alimento faça o mesmo"[92]. ...Partilhemos tudo... amemos como amamos a nós mesmos... sem outros limites nessa distribuição de nossos bens espirituais e temporais que a santa obediência. ...*Vemos em que pobreza temporal nos terá muito rapidamente colocado a aplicação desse mandamento!* ...Partilhemos, partilhemos, partilhemos, amemos *como a nós mesmos!*

---

92. Lc 3,11.

83 *"Vocês são todos irmãos" (Mt 23,8).*

Amor ao próximo. Todos são filhos de Deus, todos formam uma única grande família de irmãos... Deus, o melhor dos pais, quer ver reinar entre todos os seus filhos essa união, essa paz, esse amor, essa ternura, essa condescendência mútua que um terno pai quer ver existir entre todos os seus filhos! Daí vêm todos os seus mandamentos: "Se baterem na sua face direita, estenda a esquerda... se pegarem seu manto, entregue também a túnica... não resista ao mal... dê a quem pede, empreste a quem quer tomar emprestado... não reclame nem o que emprestou nem o que lhe tomaram"[93]. Deus quer que, como ternos irmãos, cedamos uns aos outros e que deixemos os outros nos fazerem tudo (exceto o pecado), em vez de perturbar a paz, a caridade, que deve reinar entre todos nós... Aliás, quando vemos que a vida não é senão uma provação de um dia, que precede o céu... que todos os bens terrenos não são senão lama... que todo ato de virtude, de obediência a Deus, de caridade, de condescendência para com nossos irmãos é recompensado com um peso imenso de glória, quando vemos isso, é evidente sob essa divina luz, que aquilo que Deus nos pede com esses mandamentos é muito pouca coisa, ou melhor, é nada, e embora pouca, torna-se para nós, por sua bondade, maravilhosamente aproveitável. De uma obra que, vista segundo a verdade, não é mais do que o sacrifício do nada, do vazio, de um pouco de lama ou de uma vida de um dia. Ele se agrada em sua bondade infinita de nos conseguir vantagens imensas e eternas,

---

93. Mt 5,39-42.

como por uma nova criação, conseguindo de novo, a todo instante, um bem eterno do vazio.

84 "Vocês só têm um Pai que está nos céus" (Mt 23,9).

Amor a Deus e amor aos homens. Deus é nosso Pai, Ele concede se proclamar como tal; devemos-lhe, portanto, um amor filial: o respeito, o amor, a confiança que temos pelo mais venerável e o mais terno dos pais. ...Uma vez que Deus é o Pai de todos, quanto amor não devemos a cada um dos filhos de tal Pai? Que amor fraternal não deve nos unir a cada um, nós que temos a felicidade de fazer parte de tal família? ...Se um bom pai em uma família humana deseja ver a paz, a união, a caridade, um terno amor reinante entre todos seus filhos, quão maior é o desejo de Deus, "que é amor"[94], de ver essa paz, essa unidade, esse amor fraternal perfeito, existir sempre entre todos nós, seus filhos: "Que sejam um como nós somos um... Que sejam consumidos na unidade..."[95] Este é meu *mandamento*: amem-se uns aos outros..."[96] Se baterem na sua face direita, estenda a esquerda... Se pegarem seu manto, entregue também a túnica... não resista ao mal... Dê a quem pede, empreste a quem quer tomar emprestado"[97]. Ou seja: quero que tal amor os una, que sejam não apenas unidos, mas *um*, e como ideal de seu amor mútuo proponho o amor das Pessoas divinas entre elas... e quero que essa unidade e esse amor

---

94. 1Jo 4,8.

95. Jo 17,22-23.

96. Jo 15,12.

97. Mt 5,39-42.

lhes sejam tão caros e tão invioláveis que sofreriam tudo em sua pessoa e em seus bens em vez de fazer algo que pudesse diminuí-lo.

85 *"Aquele que é o maior entre vocês será seu servidor"* (Mt 23,11).

Amor ao próximo. Todos nós devemos tentar ser o maior no Reino dos Céus, o maior por meio de uma verdadeira grandeza, por meio da virtude. Isso não apenas não prejudica os outros, não lhes toma o primeiro lugar (como na terra onde, ao ocupar o primeiro lugar, impedimos os outros de ocupá-lo), como os ajuda a alcançá-lo, faz-lhes bem. E também por meio da comunhão dos santos, pois isso torna nossas preces por eles mais eficazes; cada um de nós deve então tentar ser o primeiro no Reino de Deus, o maior pela virtude, e pelo amor a Deus, que isso glorifica, e pelo amor a todos os homens, a quem isso faz bem (esse bem nos é feito ao obter no céu e na terra mais amor e mais conhecimento de Deus... isso é feito aos outros ao santificá-los, como acabamos de dizer)... Todos nós também devemos ser os *servidores de todos*. Servidores de duas maneiras: *servidores* cumprindo junto a todos, quando necessário, os serviços mais abjetos, mais vis, os serviços de criados, aqueles que nosso Senhor prestou aos seus discípulos ao lavar os pés deles, aqueles que Ele prestou durante toda sua vida oculta aos seus pais, em Nazaré...; *servidores* ao lhes prestar todos os serviços possíveis, em seus corpos e em suas almas, rezando por eles, dando-lhes o exemplo, instruindo, dirigindo, corrigindo e socorrendo em suas necessidades, dando-lhes a esmola, cuidando deles, defendendo-os etc. Por fim, prestando-lhes todos os serviços que estão ao nosso alcance e que a santa obediência nos permite e nos prescreve prestar.

86 "Tive fome... tive sede... fui estrangeiro... fiquei nu... enfermo... na prisão... você me deu, acolheu... cuidou... Toda vez que fez isso a um desses pequeninos que são meus irmãos você o fez a mim" (Mt 25,35-40).

Amor ao próximo. Alimentemos aqueles que têm fome, demos de beber aos que têm sede, demos a hospitalidade aos estrangeiros, vistamos os nus, cuidemos dos enfermos, socorramos os prisioneiros, consolemos todos os infelizes, aliviemos todos os pobres, todos os sofredores, todos os necessitados, recolhamos todos os abandonados, crianças, velhos, desamparados, ...façamos todo o bem possível, sem outros limites do que os da santa obediência aos corpos, aos corações, e ainda mais às almas, cujas doenças e indigências são fontes de males bem maiores... Isso será fazer o bem aos membros de Jesus, às porções do corpo de Jesus (do qual cada um de nós é matéria próxima ou distante) e, portanto, ao próprio Jesus: "toda vez que você fizer isso a um desses pequeninos, você o faz a mim".

87 "Tive fome... tive sede... fui viajante... fiquei nu... enfermo... na prisão... você não me deu, não acolheu... não cuidou... não visitou... Tudo o que não fez a um desses pequeninos você não o fez a mim" (Mt 25,42-45).

Amor ao próximo. Que palavra tão grave! Não há o que comentar, mas acreditando-se nela e constatando que *todo bem que poderíamos fazer a alguém e que deixamos de fazer é ao nosso Senhor que deixamos de fazê-lo...* Não está dito: todo bem que recusamos a fazer, não; é todo bem que não fizemos, que poderíamos fazer e que deixamos de fazer; esse homem que está passando e que é pobre, nu, viajante, sofredor, ele não está nos pedindo nada, mas é membro de Jesus, porção de Jesus, parte de Jesus; nós o deixamos passar sem lhe dar nada de que precisa, é uma porção de Jesus, do corpo de Jesus, é Jesus que deixamos passar diante de nós, vendo claramente que ele tinha mil necessidades, podendo aliviá-lo, e não o fazendo... Toda vez que podemos fazer o bem a um ser humano, em sua alma, em seu coração, em seu corpo e que não o fazemos, é a Jesus que deixamos de fazê-lo... O quanto os indiferentes às necessidades espirituais e temporais do próximo são condenados por isso, é assustador pensar! O quanto então de nossa alma e de nosso corpo devemos ao próximo, para o alívio de seus males espirituais e temporais, o quanto nós lhe devemos nosso coração, nosso espírito, é o que nos faz compreender o exemplo de nosso Senhor, que resume toda sua vida nestas duas palavras: "O Filho do Homem veio para *servir* e *dar sua vida* em redenção para muitos"[98]. ...Vejamos então Jesus em todos os homens e pensemos que todo bem que poderíamos fazer ao corpo deles, ao coração, à alma e que deixamos de fazer é a Ele que não o fazemos. ...Como disse o abade de Rancé: "Após tal palavra não há regra a estabelecer para a caridade, só há a fé".

---

98. Mt 20,28.

88 *"Este é meu Corpo... Este é meu Sangue"* (Mt 26,26-28).

Amor a Deus. Amor ao próximo. O quanto essa graça infinita da Santa Eucaristia nos deve fazer amar um Deus tão bom, um Deus tão perto de nós, um Deus tão conosco, tão em nós, essa beleza e essa perfeição suprema que se dá a nós, penetra em nós, não há nada a explicar, isso é excessivamente evidente... O quanto a Santa Eucaristia deve nos tornar ternos, bons para com todos, isso também aparece: essa língua que tocou Deus dirá outra coisa do que palavras dignas da caridade divina, essa alma que recebeu Deus conceberá pensamentos que não são conformes à bondade de Deus, esse corpo em que Deus habitou fará atos indignos da mansidão de seu divino habitante? Esse ser no qual Deus fez sua morada, seu templo não deve transbordar a bondade de seu hóspede celeste? E com que respeito a Santa Eucaristia nos preenche em relação aos outros cristãos? Que veneração não devemos ter para com todos aqueles que a receberam; que caridade, que religioso respeito, que cuidados atenciosos não devemos ter para com essas almas e esses corpos dos cristãos nos quais Jesus entrou?

89 *"Jesus tendo sido flagelado..."* (Mt 27,26).

Amor a Deus. Amor aos homens. O quanto devemos amar a um Deus que nos amou a ponto de tanto sofrer por nós! Olhemo-lo na coluna, durante o flagelo, todo machucado, todo vermelho e todo repugnante de sangue, a carne em pedaços, digamos então: "Por nós... por amor a nós", e amemos aquele que tanto e tão dolorosamente nos amou! ...Que amor não devemos por todos aqueles que Jesus amou a ponto de tanto sofrer por eles! Devemos ver cada um deles como se estivesse todo coberto com o sangue de Jesus, vestido com um manto de seu sangue. ...O quanto devemos amar aqueles que Ele tanto amou, aqueles que Ele resgatou "a tão grande preço"[99].

90 *"Cuspiram nele e, tomando a vara, bateram em sua cabeça" (Mt 27,30).*

Amor a Deus. Amor aos homens. Eis o que quiseste sofrer por nos amar, meu Deus. ...Amemos então a Deus, uma vez que Ele nos amou primeiro e nos amou a ponto de querer sofrer por nós tais dores e tais opróbrios. Olhemos Jesus coroado de espinhos, digamos "por nós" e amemos. ...Ó coração de Jesus, que tanto nos amou, aquece meu coração com tuas chamas! Olhemos Jesus coroado de espinhos: eis até que ponto Ele amou os homens, ...ou melhor, Ele os amou ainda mais do que isso consegue expressá-lo... Esses homens, é preciso amá-los agora. ...Quando amamos, amamos aqueles que o ser amado ama, nos os amamos na mesma medida que Ele, tanto quanto Ele, como Ele, pois queremos partilhar todos os sentimentos de seu coração, pois queremos ser um com Ele, pois o amor transforma o amante em ser amado; Ele une a ponto de fazer com que sejamos apenas um; o amor do coração de Jesus por todos, esse amor que Ele mostra em sua paixão é esse que devemos ter para todos os seres humanos.

---

99. Cf. 1Cor 6,20.

91 *"Eles o crucificaram" (Mt 27,35).*

Amor a Deus. Amor aos homens. Colocam, cravam os pregos nas mãos, nos pés de nosso Senhor; Ele está ali, estendido na terra, o sangue escorrendo de todos os seus membros, nessas horríveis torturas, por nós, para fazer o bem às nossas almas, para nos provar que nos ama, por amor a nós, para nos amar com o maior amor. ...Amamos aquele que tanto nos amou? Amamos esse ser tão amável, tão perfeito, tão santo, tão encantador que nos amou a tal ponto? ...É por todos nós, por cada um de nós que nosso Senhor está ali, deitado sobre sua cruz e que lhe cravam os pregos nos pés e nas mãos. ...Amamos todos aqueles que Ele amou a tal ponto? Amamos todos aqueles que estão a tal ponto em seu coração? Recebemos em nosso amor *todos* aqueles que Deus ama a tal ponto?

92 *"Jesus, lançando um grande grito, entregou o Espírito" (Mt 27,50).*

Amor a Deus. Amor aos homens. Nosso Senhor está suspenso na cruz depois de três longas horas e não tem mais a forma humana: sua cabeça, seu rosto estão cobertos de sangue; o sangue escorre lentamente de suas mãos e de seus pés; seus ombros, seu peito, suas costas não passam de uma chaga, todo seu corpo está lívido e marcado por largos caminhos de sangue; Ele então inclina uma última vez a cabeça para esses homens que seu coração tanto amou e que o rejeitaram no nascimento, rejeitaram durante toda sua vida, por fim o expulsaram do meio deles e o pregaram a essa cruz, e Ele coloca sua alma nas mãos de seu Pai... Ele expira... Ele veio por nós sobre a terra, sofreu a esse ponto por nós, e para nos atrair a Ele é que morreu nessa cruz; é por nós que Ele morre. ...Amemos aquele que tanto nos amou. ...Amemos esse ser encantador, infinitamente amável, que nos amou, que ainda nos ama a esse ponto! ...E uma vez que Ele ama todo homem, a ponto de ter querido sofrer e morrer assim por ele, com que amor não devemos cercar "esse irmão pelo qual Cristo morreu"[100]; todo homem, uma vez que todo ser humano é tão querido de nosso bem-amado, que o resgatou a tão grande preço.

93 *"Vão, preguem para todas as nações" (Mt 28,19).*

Amor aos homens. O zelo das almas é um dos deveres de caridade e o principal que devemos ao nosso próximo: a santificação de todos os seres humanos na intenção da glória de Deus é o objetivo de nossa vida. ...Façamos sempre tudo o que podemos para santificar todos os seres humanos, empregando os meios que a santa obediência nos dá. Há obras de caridade para com as almas que todos nós devemos cumprir; outras às quais apenas alguns devem se entregar, e em medidas diferentes; é a vontade de Deus, manifestada ordinariamente pelo diretor espiritual, que regula isso. Todos nós devemos *santificar a nós mesmos* (o que beneficia o próximo pela comunhão dos santos e torna mais eficazes as nossas preces, penitências, todas as nossas obras em seu favor), *dando bom exemplo exemplo ao próximo, rezando por ele, oferendo por ele penitências a Deus, amando-o do fundo do coração*, e, quando a ocasião se apresenta, *sendo afável,*

---

100. 1Cor 8,11.

gracioso para com ele, e, quando podemos, *prestando-lhe serviço, praticando para com ele todas as obras de misericórdia* – na medida em que a obediência nos indica; por fim, quase todos, em uma certa medida, e alguns de uma forma muito mais especial, devem ou *exortá-lo, aconselhá-lo, consolá-lo, encorajá-lo, instruí-lo por meio de sua palavra* ou *recriminá-lo, corrigi-lo,* ou *defendê-lo contra seus inimigos espirituais e temporais.*

Marcos

*94 "Jesus veio para a Galileia, pregando o Evangelho"
(Mc 1,14).*

Amor aos homens. Um dos benefícios aos quais
o amor ao próximo nos obriga é pregar o Evangelho.
Devemos pregá-lo de maneiras diferentes segundo nossa
condição, segundo as vontades de Deus sobre nós (re-
veladas pelo nosso diretor), segundo aqueles a quem o
pregamos. ...Mas em qualquer condição, em qualquer
estado devemos de certa forma pregá-lo a todos, como
Jesus durante todos os instantes de sua vida o pregou a
todos; isto é, pela santificação pessoal, pelo exemplo de
uma vida santa e evangélica, pelo amor de nosso coração. ...De todo modo, assim como Jesus, devemos também oferecer a Deus preces e sofrimentos por todos os
seres humanos. ...Se temos relações com eles, devemos-
-lhes também a afabilidade e a disponibilidade, e deve-
mos-lhes, na medida em que Deus nos convoca, as obras
de misericórdia, o socorro de nossas palavras, a defesa
contra seus opressores. ...Preguemos então o Evangelho,
seja apenas em silêncio, seja também com nossas palavras; a pregação silenciosa, todos nós a devemos a todos;
a pregação pela palavra e pelas obras particulares, uns a
devem mais, outros menos, muito poucos não a devem
de forma alguma, segundo a vocação de cada um. ...To-

dos, na medida e da maneira que Deus nos prescreve, todos sempre pela santidade de nossa vida, e pela prática das virtudes evangélicas, preguemos então o Evangelho, gritemos aos quatro ventos Jesus e o Evangelho.

95 *"Ele os instruía" (Mc 1,21).*

Amor aos homens. Instruir, instruir verdades da salvação; instruir as crianças sobre tudo o que lhes é útil para levar uma vida santa, para fazer tudo o que Deus quer delas não importa a condição em que Ele as coloque; instruir os ignorantes, fiéis ou infiéis, sobre as verdades da fé, instruir todos sobre o que lhes é útil para se santificarem o máximo possível, ...instruir pelas escolas, pelas universidades, pelas pregações, pela direção, pelos livros, pelos conselhos e pelo exemplo; ...instruir sobre as verdades do Evangelho, o que é verdadeiramente o mais importante, o único necessário a todos; instruir sobre as ciências sagradas o que importa infinitamente; instruir sobre as ciências profanas e sobre tudo o que é útil à vida intelectual e material, para que isso seja ensinado no espírito de piedade, de religião, de amor e de reconhecimento em relação a Deus, de obediência à Santa Igreja, em um espírito em que esses conhecimentos sejam usados para glorificar a Deus, o que *é a finalidade de todas as coisas*... Instruir assim é também um ato de caridade devido ao próximo, por todos, de uma certa maneira – ao menos pelo exemplo das virtudes –, por cada um de uma maneira ou de outra, seguindo a vontade de Deus para cada um.

96 "Jesus o ameaçou e lhe disse: 'Cale-se e saia deste homem'" (Mc 1,25).

Amor aos homens. Jesus cura as almas e os corpos. ...Tratemos de fazer o mesmo na maior medida possível, por todos os meios que a santa obediência nos permite empregar: É *imitar Jesus*, é *obedecer a Jesus* ("Amai-vos como eu vos amei")[101], é *fazer o bem a Jesus* (todo ser humano sendo membro de Jesus e porção de seu corpo (matéria próxima ou distante), tudo o que fazemos a um ser humano, fazemos a Jesus[102].

97 "Ele a fez se levantar, tomando-a pela mão, e logo a febre a abandonou" (Mc 1,31).

Amor aos homens. Curar, fazer o bem aos corpos é um dos atos de caridade que devemos ao próximo. Devemos fazer a todos, em sua alma, em seu coração e em seu corpo (na alma primeiro, é o mais importante, mas sempre e também em seu coração e em seu corpo) todo o bem possível sem outros limites do que os impostos pela santa obediência... É *imitar* nosso Senhor, é *obedecer-lhe*, é *fazer o bem a Ele mesmo* (uma vez que todo ser humano é seu membro e uma porção de seu corpo, tudo o que fazemos a um ser humano é feito a Ele)... Observemos também que fazer o bem aos corações e aos corpos é tanto mais importante porque nunca fazemos um ou outro sem deixar de fazer um grande bem às almas; esses tipos de benefícios são um dos meios mais eficazes

---

101. Jo 13,34.

102. Cf. Mt 25,40.

de conquistar as almas para Deus, o que aumenta infinitamente o valor deles.

98 *"Ele curou muitos... e expulsava os demônios" (Mc 1,34).*

Amor aos homens. Fazer o bem às almas e aos corpos de todos, na maior medida possível, sem outro limite do que a santa obediência, às almas primeiro, e depois, mas também e sempre, aos corações e aos corpos: Para *obedecer a Jesus* ("Amai-vos como eu vos amei")[103], para imitar Jesus, para *fazer o bem a Jesus* ("O que você faz a um desses pequeninos, que são meus irmãos, e que são meus membros... as porções de meu corpo místico, vocês fazem a mim")[104]. Oh! Vejamos em cada ser humano um *membro de Jesus*! Como o mundo será então transfigurado por nós! Como a caridade se tornará fácil e deliciosamente doce para nós!

99 *"Ele pregava em toda a Galileia e expulsava os demônios" (Mc 1,39).*

Amor aos homens. *Pregar e curar.* Chegará o dia em que nosso Senhor enviará seus discípulos por toda a terra dizendo-lhes: "Preguem e curem"[105]. ...Durante todos os dias de sua vida pública deu-lhes o *exemplo* do *preceito* que mais tarde lhes dará; esta vocação foi o que Ele deixou para sua Igreja, o que Ele deixou para todo cristão, ou seja,

---

103. Jo 13,34.

104. Cf. Mt 25,40.

105. Cf. Mt 10,7-8.

continuar sua obra, imitá-lo, *pregando* e *curando*, isto é, fazendo o maior bem possível, cada um com os meios que Deus coloca entre suas mãos; a todos, santificando suas almas, consolando seus corações, aliviando seus corpos. ...O bem das almas vem mil vezes antes do que o bem do coração e do corpo, uma vez que a primeira é imortal e os segundos muito passageiros; no entanto, mesmo dando sempre preferência ao primeiro, nunca se deve omitir os dois outros, e isso por várias razões; primeiro, porque os dois últimos fazem parte do primeiro, na medida em que consolar os corações e fazer o bem aos corpos são meios muito eficazes de oferecer o bem às almas; em seguida, porque todo bem feito a todos os seres humanos, seja em suas almas, seja em seus corpos, seja em seus corações, é feito ao próprio Jesus, do qual eles são membros[106]; depois, por uma bondade que deve ser universal e tudo atingir, das maiores às menores coisas, à imitação da bondade de Deus; depois, porque o amor fraternal e o amor devido aos filhos de Deus, a veneração devida às criaturas de Deus, o exige; e também por muitos outros motivos; por fim, por que Jesus o *ordena* e *dá o exemplo*: "Preguem e curem"[107]. "...Ele pregava e expulsava os demônios"[108].

100 *"Jesus, apiedando-se dele, disse-lhe: 'Eu quero, seja curado'" (Mc 1,41).*

Amor aos homens. *Piedade, beneficência, doces palavras,* ...a caridade em *pensamento* e em *ação*, eis o exem-

---

106. Cf. Mt 25,40.

107. Cf. Mt 10,7-8.

108. Mc 1,39.

plo dado aqui por nosso Senhor: em *pensamento* pela piedade, pela bondade, pela misericórdia, pelo coração que se inclina para todos os miseráveis com uma terna compaixão, com um terno desejo de aliviá-los (se é a vontade de Deus), ...em *palavra*, com doces frases, palavras de consolação, com as palavras que poderão fazer o maior bem à alma e ao coração; ...em *ação*, pelas obras de misericórdia, pelos cuidados dados aos doentes, pelas esmolas dadas aos pobres, pela defesa dos oprimidos; enfim, por todas as obras próprias para aliviar as inúmeras necessidades da alma, do coração e do corpo, dos membros de Jesus, isto é, de todos os seres humanos.

101 *"Teus pecados estão perdoados... levanta-te, toma teu leito e anda" (Mc 2,5-11).*

Amor ao próximo. Fazer bem às almas primeiro é o mais importante; fazer aos corpos em seguida; isso só vem em segundo lugar, mas é preciso fazê-lo sempre, sempre e também, quando podemos, sem outros limites do que os da obediência, ainda mais que isso faz parte do bem feito às almas, pois aliviar os corações e os corpos é um dos meios mais eficazes de conquistar as almas para Deus. ...Abraçar todos os seres humanos nessas três obras de caridade e não colocar outros limites às nossas obras do que aqueles fixados pela santa obediência. É *imitar* Jesus, *obedecer-lhe, fazer o bem* a Ele mesmo em seus membros[109].

---

109. Mt 25,40.

102 *"E Ele os ensinava" (Mc 2,13).*

Amor ao próximo. *Ensinar* é um dos nossos deveres para com o próximo. Todos nós devemos ensinar, mesmo os eremitas; todos nós devemos ensinar obtendo do céu com nossas preces as luzes interiores para todos nós. ...Aqueles que Deus convoca devem também, cada um na medida da vontade de Deus, ensinar com palavra e com obras sua família, seu entorno, seus discípulos, os fiéis, os infiéis, seja pela entrevista privada ou pela pregação pública, ou então instruindo sobre as verdades da fé, instruindo sobre as coisas úteis para levar na terra uma vida cristã, educando as crianças, dirigindo as almas, revelando com obras piedosas e beneficentes, com o estabelecimento de lugares de caridade o quanto a religião de Jesus é bela e divinamente boa!

103 *"Os sãos não precisam de médicos, mas os doentes; não vim chamar os justos, mas os pecadores" (Mc 2,17).*

Amor ao próximo. Façamos o bem a todos, em suas almas, em seus corações e em seus corpos, na medida do nosso possível, sem outros limites do que os impostos pela santa obediência... Todos são membros de Jesus, todos são porções de seu corpo (como matéria próxima ou distante); assim, tudo o que fazemos a eles fazemos ao corpo de Jesus, a Jesus[110]. ...Mas nessa caridade universal mantenhamos a regra dada aqui por nosso Senhor: ter por todos os membros o mesmo respeito e o mesmo amor, uma vez que todos eles são alguma coisa dele

---

110. Cf. Mt 25,40.

(motivo de amor infinitamente superior a todos os outros e que por sua *superioridade* sobre os outros, por sua *transcendência*, produz o mesmo amor por todos; o mesmo, porque esse motivo, de um peso de certo modo infinito, e o mesmo para todos, torna, por seu infinito, todos os outros incapazes de produzir seu efeito, ainda que existam realmente; $\infty + 2 + 5 + 10 + 14 = \infty + 1 + 3$; mas, embora tendo o mesmo amor e o mesmo respeito por todos os membros de Jesus, consagrar nossos cuidados, nosso tempo, nossos recursos, primeiro para aqueles membros que mais necessitam: aos pecadores, aos infelizes, aos doentes, aos pobres, a todos os necessitados, antes de consagrá-los aos ricos, aos justos, aos felizes, aos sãos, aos que precisam menos; ou seja, tratar dos membros ensanguentados e feridos de nosso Senhor, antes de perfumar seus cabelos, antes de ungir seus membros sadios. ...Jesus vem até nós com a maioria de seus membros sadios. ...Jesus vem até nós com a maioria de seus membros doloridos, feridos, doentes; seria loucura perfumar seus membros sadios antes de cuidar de seus membros sofredores. Cuidemos de não cometer essa loucura.

104 *"O sábado é feito para os homens e não os homens para o sábado" (Mc 2,27).*

Amor aos homens. Um dos deveres impostos pelo amor ao próximo é o de interpretar as leis da maneira *mais vantajosa à salvação das almas*. Façamos sempre, tanto quanto possível, tanto quanto nos permite a obediência, *o que é o mais vantajoso às almas*; pois é para elas que as leis são feitas; a finalidade de Deus ao fazer as leis, a finalidade de Jesus, da Igreja ao dar os preceitos é *salvar, santificar as almas*; ao interpretá-las, tanto quanto a obediência nos permite, no sentido *mais vantajoso à santificação das almas*, estamos certamente no Espírito de Deus, de Jesus, da Igreja. ...O homem não é feito para as leis, mas as leis para o homem. As leis são um meio, a finalidade é a glória de Deus pela santificação das almas.

105 *"Estenda sua mão... Ele a estendeu e ela foi curada" (Mc 3,5).*

Amor aos homens. Façamos sempre todo o bem às almas, aos corações e aos corpos, na medida do possível, sem outros limites do que aquele que a santa obediência nos impõe. É *imitar Jesus*, é *obedecer-lhe* ("amai-vos como eu vos amei")[111], é *fazer o bem aos seus próprios membros*, ao seu próprio corpo, a Ele mesmo[112].

106 *"Ele os enviou a pregar e lhes deu o poder de curar" (Mc 3,14-15).*

Amor aos homens. Pregar e curar, fazer o bem às almas e aos corpos foi a tarefa que deste aos teus apóstolos, à tua Igreja, a cada um dos cristãos, depois que Tu mesmo o fizeste. Façamos, pois, na medida da santa obediência, todo o bem possível às almas e aos corpos; que essa obediência e a possibilidade sejam os dois únicos limites de nossas boas obras... O zelo, o amor com o qual temos de nos entregar a elas deve ser na mesma medida de nosso amor a Deus, pois

---

111. Jo 13,34.
112. Cf. Mt 25,40.

sua glória é precisamente o bem das almas, a santificação delas; e os benefícios para os corpos são um meio muito eficaz de fazer o bem às almas; ...além do mais, tudo o que fazemos às almas ou aos corpos fazemos aos membros de Jesus, ao corpo de Jesus, ao próprio Jesus[113].

107 *"A medida que usar para o outro será usada para você" (Mc 3,35).*

Amor aos homens. Nossa salvação está em nossas mãos: como tivermos agido com os outros Jesus agirá conosco... Sejamos com o próximo, com todos, como gostaríamos, *como ficaríamos felizes que Jesus fosse conosco.*

108 *"Aquele que faz a vontade de meu Pai é meu irmão, minha irmã e minha mãe" (Mc 4,24).*

Amor aos homens. Que amor, que religioso respeito não devemos ter por todos, uma vez que todos são chamados a ser, podem, devem ser e esperamos que sejam (a maior parte do tempo, devemos esperá-lo sobretudo dos cristãos, sobretudo dos católicos) *irmãos, irmãs, mães* de nosso Senhor Jesus!

109 *"Saia, espírito imundo, deste homem" (Mc 5,8).*

Amor aos homens. Fazer o maior bem possível às almas, aos corações, aos corpos de todos, sem outros li-

---

113. Mt 25,40.

mites do que os impostos pela santa obediência, para *obedecer* a Jesus ("amai-vos como eu vos amei")[114], para *imitar* Jesus, para *fazer o bem a Jesus*, pois todos são de alguma forma "os membros do corpo de Jesus"; portanto, tudo o que fazemos a eles fazemos a Jesus (Mt 25)[115].

110 *"E ele foi com Ele..." (Mc 5,24).*

Amor aos homens. Jesus, chamado por Jairo, não o deixa esperando, não considera indigno ir até a casa de um servidor, e para lá vai imediatamente; façamos o mesmo: quando nos pedem um serviço, prestemo-lo imediatamente, sem demora, com toda a boa vontade possível; é uma das coisas que a caridade nos pede... É imitar Jesus, pois nos lembramos que o serviço que prestamos nós o prestamos a um membro de seu corpo, a algo dele, a Ele mesmo[116].

111 *"Minha filha, sua fé a curou, vá em paz" (Mc 5,41).*

Amor aos homens. Que benevolência e que doçura!... Imitemos o divino modelo, ...façamos o bem, pratiquemos a benevolência com os corpos, com as almas e com o coração de todos, sem outros limites do que a santa obediência a Deus e aos seus representantes... e pratiquemos a benevolência com essa doçura, essa graça, essa ternura que Jesus mostra aqui e em toda parte.

---

114. Jo 13,34.
115. Cf. Mt 25,40.
116. Cf. Mt 25,40.

112 "Moça, levante-se" (Mc 5,41).

Amor aos homens. Fazer com todos os seres humanos, todos os membros do corpo de Jesus o que Jesus faz aqui com a moça, com seus pais, com os presentes e com as almas vindouras: todo o bem possível, ao corpo, ao coração, à alma de todos eles, sem outro limite do que aqueles impostos pela lei de Deus e pela santa obediência aos que têm direito de nos falar em seu nome.

113 "E disse que lhe dessem de comer" (Mc 5,43).

Amor aos homens. Não somente nosso Senhor dá os grandes bens, a vida, mas dá até mesmo as pequeninas doçuras, chega às pequeninas atenções; sua bondade chega aos mínimos detalhes; ...as atenções por serem *minuciosas* não são pequenas, ao contrário, quanto mais *minuciosas*, mais são *delicadas*, mais são *grandes*; quanto mais os detalhes aos quais se estendem são *pequenos*, mais elas são *grandes*; quanto mais a bondade *se estende longe, desce profundamente*, estende-se aos *pequeninos* detalhes, mais ela é *extensa, profunda, grande*; quanto mais a bondade *abraça* as coisas, mais ela realiza as boas obras levando-as até a perfeição dos mínimos detalhes, mais a bondade é vasta, realizada, perfeita, mais se aproxima da bondade divina que "não deixa cair um cabelo de nossa cabeça sem sua permissão"[117], que "dá alimento aos filhotes dos pardais"[118] e "não esquece de

---

117. Mt 10,30.

118. Mt 6,26.

nenhum"...[119] façamos, pois, o bem como Jesus o faz aqui, como Deus o faz, não apenas "no atacado", se ouso falar assim, mas com a mais delicada atenção, descendo até os mais minuciosos detalhes com uma ternura, uma bondade, um amor bastante vastos, profundos, extensos, bastante grandes para abraçar tudo, estender-se a tudo, alcançar tudo. ...E como a bondade de Deus é *infinitamente grande*, ela se estende até os *infinitamente pequenos.* ...Todos nós sabemos por experiência, como a natureza nos ensina, que a terna delicadeza é ainda mais tocante, mais enternecedora quando exercida em relação às pequeninas coisas; nada é mais enternecedor do que ver a sabedoria do amor que sabe colocar uma grande graça, uma grande delicadeza, um grande cuidado em um nada. ...Imitemos Deus e nosso Bem-amado Jesus sendo, como eles, ternos, delicados, infinitamente bons, mesmo nas pequeninas coisas.

114 *"Ele se pôs a instruir na sinagoga" (Mc 6,2).*

Amor aos homens. Nosso Senhor evangeliza, instrui, explica as leis, as vontades, os ensinamentos de Deus... Ele trabalha com a palavra, com a pregação, com a exortação, com a direção, com a salvação das almas. ...Imitemo-lo ...trabalhemos com Ele na salvação das almas. Trabalhemos nisso sempre e todos, mas não todos da mesma maneira: cada um da maneira que Deus quer, segundo a missão que dá a cada um. Que aqueles a quem Ele dá para sempre, ou por um tempo, a missão de representá-lo em sua vida oculta de Nazaré ou em sua vida

---

119. Lc 12,6.

do deserto, ali permaneçam com São José ou Santa Madalena, trabalhando com eles e com Jesus na salvação de todos nós, primeiro *santificando-se pessoalmente* (o que é o meio único, indispensável, necessário e suficiente para fazer o bem aos outros), depois com seu exemplo, suas preces, suas penitências. ...Que aqueles chamados para sempre a esse silêncio o mantenham sempre; que aqueles chamados por um tempo, como aconteceu com Ele mesmo e com João Batista, o mantenham fielmente até que "chegue sua hora"[120] e tenham muito cuidado para só sair desse silêncio quando o próprio Deus permitir. ...Que aqueles a quem Ele diz como disse a São Pedro: "Abandone as redes, siga-me eu o farei pescador de homens"[121], abandonem-nas logo como São Pedro e trabalhem na salvação das almas com Jesus, não mais apenas *santificando-se pessoalmente* (o que deve ser, no entanto, sempre seu primeiro trabalho), mas dando o exemplo, rezando, fazendo penitência, mas também pela palavra e pelas obras do santo ministério e do apostolado.

115 *"Ele percorria as aldeias vizinhas, ensinando" (Mc 6,6).*

Amor aos homens. Evangelizar, cumprir os trabalhos do santo ministério, ser operário evangélico, ensinar os homens, não apenas pelo exemplo, mas também pela palavra o que Deus quer deles, trocar o refúgio, o silêncio e o trabalho manual de Nazaré pelo trabalho espiritual de pescador de almas (sem deixar de praticar, tanto

---

120. Jo 13,1.

121. Mt 4,19-20.

na vida pública quanto na vida oculta, a pobreza, a prece, a penitência, o recolhimento que nosso Senhor praticou igualmente tanto em uma quanto na outra vida; sem deixar de santificar o próximo, não apenas com nossas obras exteriores, mas também, como na vida oculta, com nossa santificação pessoal, nossas preces, nossas penitências, nosso exemplo, o que nunca se deve deixar de fazer, como Jesus nunca deixou), esse trabalho espiritual, eis ao que devemos nos entregar de todo coração, com todos os meios que Deus nos dá, a partir do momento em que Deus nos diz: "Abandone suas redes e torne-se pescador de homens..."[122] Siga-me em minha vida pública". Quando Ele nos diz isso, sigamos sem pestanejar. No entanto, nunca comecemos essa vida por nossa própria vontade, pois cabe a Ele nos conduzir em tudo; se quisermos abandonar a obscuridade de Nazaré antes de seu chamado, respondamos com seu exemplo: "Minha hora não chegou"[123]. ...Mas assim que nos chamar, corramos, abandonemos tudo como São Pedro, sem pensar (se não for para nos humilharmos e sermos prudentes e humildes) na nossa insuficiência, plenos de fé na voz onipotente que nos chama, dizendo: "Tudo posso naquele que me fortalece"[124].

116 *"Venham para um lugar deserto e descansem um pouco" (Mc 6,31).*

Amor aos homens. Sejamos doces, ternos com aqueles que estão sob nossa direção. Não façamos "nosso

---

122. Cf. Mt 4,19-20.
123. Jo 2,4.
124. Cf. Fl 4,13.

rebanho caminhar demais, senão todos perecerão em um dia"[125]. ...Concedamos às almas o descanso, a dilatação, o alargamento, a latitude de que precisam para voar em paz para o Deus de paz... Concedamos ao corpo o descanso, os cuidados necessários para que ele sirva bem à alma nos serviços que a ela deve prestar. Cuidemos disso, cuidemos para que a alma, o espírito, o coração, o corpo de nossos filhos espirituais tenham o alimento, o descanso e a paz que lhes são necessários *para amar a Deus o máximo possível, o que é sua finalidade aqui na terra*: "Fortitudinem meam ad te custodiam"[126], como diz o salmo tantas vezes citado por São João da Cruz[127]. ...Que todas as nossas forças sejam empregadas unicamente para *amar a Deus o máximo possível*, e para isso cuidemos para que as forças da alma, do espírito, do coração atinjam o maior desenvolvimento possível e para que as forças do corpo sejam suficientes para que a alma nunca se enfraqueça pela fraqueza do corpo. ...*Guardemos todas as nossas forças para amar a Deus.* ...Tenhamos grande cuidado, como nosso Senhor Jesus, modelo dos pastores e Bom Pastor por excelência, de zelar ternamente para conservar as forças de nossas ovelhas e desenvolvê-las da maneira mais favorável para que nelas aumente o amor de Deus. ...(Digo que *amar a Deus o máximo possível é a finalidade de cada um aqui na terra*. É sua finalidade, não sua finalidade *suprema*, mas sua finalidade *secundária*, sua *segunda finalidade secundária*, se podemos nos expressar assim; sua finalidade suprema é manifestar a glória de Deus o máximo que puder; o meio para alcan-

---

125. Cf. Mt 15,32; Mc 6,34.

126. Conservarei para ti minha força (Sl 58,10).

127. P. ex., *Noite escura*, cap. XI.

çar essa finalidade é santificar-se ao máximo que puder e também os outros, o que forma sua finalidade secundária; o meio para se santificar o máximo possível – e com isso santificar o máximo possível os outros – é *amar a Deus o máximo possível*, o que se torna então *sua finalidade*, uma vez que isso forma, se podemos falar assim, sua segunda finalidade secundária.)

117 *"Ele teve piedade deles porque eram como ovelhas sem pastor, e começou a ensinar-lhes muitas coisas" (Mc 6,34).*

Amor aos homens. Tenhamos *piedade* de todos os que sofrem, dos que não têm, dos que precisam, de todos cuja alma, coração ou corpo está na miséria, na necessidade, ...tenhamos piedade deles a exemplo de Jesus, e em particular das ovelhas que não têm pastor! ...Nós, que sabemos por uma doce experiência que bem incomparável é um bom pastor, tenhamos piedade dos que não têm um e façamos o que depender de nós para lhes oferecer um, mas sempre nos limites da santa obediência. ...E se Deus nos estabelece como pastor de almas, sejamos um *bom* pastor, e que nossas ovelhas sejam alimentadas com bons alimentos, conduzidas para as boas pastagens da doutrina de Jesus: "Ensinemos-lhes muitas coisas" como no modelo dos pastores; ensinemos-lhes o que Ele ensinava e o que tudo continha: o Evangelho. ...Que sejam alimentadas, engordadas com esse alimento do Evangelho com o qual Jesus alimentou suas ovelhas; que a todo momento Ele seja levado à boca delas... É o alimento dos alimentos; Ele conduz à vida eterna. Que sejam também alimentadas, engordadas com esse outro alimento que Jesus lhes dará também um dia: a Santa Eucaristia.

...Que as ovelhas que Deus nos confiou sejam engordadas com esses dois divinos alimentos; cuidemos delas, sacrifiquemos nosso descanso, nossa honra, nossa vida, como diz Santa Teresa, por essas ovelhas, pelas quais Jesus deu seu sangue. ...Tenhamos por elas um cuidado infinito, pois são os irmãos, as irmãs de Jesus que Ele mesmo nos confiou: "As Religiosas da Encarnação são minhas irmãs, e você hesita em ir para junto delas?", dizia nosso Senhor a Santa Teresa[128]. ...Beneficiemos tanto quanto possível todas essas ovelhas de Jesus para que a apresentemos no melhor estado possível quando chegar a hora de cada uma delas aparecer diante dele! Na intenção dele, para sua maior glória, e por causa de seu amor que deve nos fazer amar as almas tanto quanto Ele próprio as ama: "Quem entreviu o divino traz de sua visão como que os dois raios de Moisés: humildade e caridade. Como se considerar alguma coisa quando se entreviu Deus? E como não amar o que Ele mesmo quer tanto amar?"[129]

118 "Ele abençoou, partiu o pão e partilhou com eles também os peixes" (Mc 6,41).

Amor aos homens. Alimentemos os que têm fome, segundo o *preceito* e *o exemplo* de Jesus. ...Lembremo-nos sempre que eles são "os membros de Jesus"[130] e que, portanto, "o que lhes fazemos, nós o fazemos a Jesus"[131].

---

128. Sobre a influência de Santa Teresa sobre Charles de Foucauld, cf. ibid., p. 114-122.

129. Ibid.

130. 1Cor 6,15.

131. Cf. Mt 25,40.

...Alimentemo-los seguindo o *exemplo* de Jesus, que partilha com eles tudo o que tem, amando-os assim e tratando-os como trataria a si mesmo; e seguindo o *preceito* de Jesus, que nos disse "para amar a todos os homens como a nós mesmos"[132], para partilhar com eles o pão e o peixe, não guardar o peixe só para nós e dar a eles o pão seco. ...Oh! Lembremo-nos sempre que aquilo que fazemos ao próximo nós o fazemos aos membros de Jesus, ao corpo de Jesus, ao próprio Jesus[133]. Por si só essa fé é suficiente para mudar toda nossa vida, para modificar todas as nossas maneiras de fazer, para nos fazer viver de uma maneira muito nova, muito *sobrenatural*, feita "de fé", uma vida infinitamente distante da vida e dos pensamentos do mundo, uma vida inteiramente perdida na verdade e abismada em Deus.

119 *"Todos aqueles que o tocavam eram curados" (Mc 6,56).*

Amor aos homens. Façamos todo o bem possível aos corpos, aos corações e às almas de todos sem outros limites do que os impostos pela santa obediência a Deus e àqueles que o representam para nós: às almas primeiro, é o mais importante, uma vez que o bem que lhes é feito permanece eternamente; aos corpos e aos corações em segundo lugar, mas sempre e também com grande zelo porque, de um lado, é obedecer a Jesus e imitá-lo e, do outro, é fazer o bem a Ele mesmo, uma vez que todos são seus membros, tudo o que fazemos a um deles

---

132. Cf. Mt 22,39.
133. Cf. Mt 25,40.

fazemos a Ele[134]; por fim, porque o bem que fazemos aos corpos e aos corações faz muito bem às próprias almas.

120 *"Por causa desta palavra, vai! O demônio saiu de tua filha" (Mc 7,29).*

Amor aos homens. Com uma palavra Tu curaste a filha, consolaste a mãe, inspiraste todas as gerações; fé em tua divindade, esperança em tua bondade, amor por ti tão bom e pelos homens que Tu mesmo consentiste em amar ("Se você ama a Deus, ama também os homens"...[135] "Meus bem-amados, se Deus nos amou assim, também nós devemos amar uns aos outros")[136]. ...Imitemos Jesus. ...Façamos o maior bem possível a todos, na intenção de Deus: às almas primeiro e depois, mas sempre, também aos corpos e aos corações, sabendo, aliás, que não é possível fazer o bem aos corações e aos corpos e não o fazer também às almas (à do agradecido, à daqueles que conhecem o benefício, à nossa própria alma). ...E façamos esse bem com um zelo, um amor e uma alegria enormes, lembrando-nos de que nós o fazemos aos membros de Jesus e, portanto, ao próprio Jesus. "Tudo o que fazem a um desses pequeninos vocês fazem a mim"[137].

---

134. Cf. Mt 25,40.

135. Cf. 1Jo 4,21.

136. 1Jo 4,11.

137. Mt 25,40.

121 "Éfeta; ou seja, abra-se!" (Mc 7,34).

Amor aos homens. A exemplo de Jesus que, com uma palavra curou o corpo e consolou o coração desse enfermo e faz o bem às almas de todas as gerações, façamos todo o bem possível às almas, aos corações, aos corpos de todos os seres humanos, sem outros limites do que aqueles impostos pela santa obediência; fazendo o bem às almas primeiro, mas sempre e também aos corações e aos corpos, e isso com tanto mais zelo porque esse tipo de benefício sempre faz bem às almas. ...Tenhamos sempre diante dos olhos esse princípio de que todos são membros de Jesus e que, portanto, tudo o que fazemos a eles fazemos a Jesus[138].

122 "Tenho piedade dessa multidão... ela não tem nada para comer" (Mc 8,2).

Amor aos homens. *Tenhamos piedade*, ou seja: *tenhamos bondade...* Que a necessidade e o sofrimento não nos deixem indiferentes, mas nos inclinem logo a socorrer... Não tenhamos o coração duro, indiferente, egoísta. Amemos, desejemos o bem, a felicidade dos outros como desejamos a nossa, porque, necessariamente, involuntariamente, pelo efeito de nossa natureza, desejamos nossa felicidade; desejemos também a felicidade do próximo: "Amemos o próximo como a nós mesmos"[139]. ...E isso não apenas com estéreis desejos, mas com obras, fazendo-as para satisfazer as necessidades, para oferecer o

---

138. Cf. Mt 25,40.
139. Cf. Mt 22,39.

bem, a felicidade do próximo, tudo o que faríamos por nós mesmos. ...E o quanto Deus nos facilita, nos torna doce, nos torna também sagrada e mais obrigatória ainda essa bondade, essa piedade, essa terna e ativa caridade para com todos quando nos ensina que todos são membros de Jesus e que, portanto, tudo o que fazemos a um deles nós o fazemos a Jesus[140].

123 *"Ele também abençoou os peixes e pediu que fossem servidos" (Mc 8,7).*

Amor aos homens. *Imitemos* Jesus. Demos de comer aos que têm fome. Mal temos para nós mesmos, não importa! Demos, partilhemos como irmãos. ..."Amemos ao próximo como a nós mesmos"...[141] Esses irmãos que têm fome são os membros de Jesus; tudo o que fazemos a eles nós o fazemos a Jesus, pois "toda vez que damos a eles damos a Jesus; toda vez que não damos a eles é a Jesus que não damos[142]. Demos-lhes, pois, a exemplo de Jesus, não apenas o pão, mas o peixe; não apenas o indispensável, mas o amável, o gracioso, o terno; não apenas como a um pobre por quem, se somos "bons como nosso Pai é bom"[143], devemos ter misericórdia, mas como a um irmão, como a um membro de Jesus! ..."Aquele que semear pouco colherá pouco, aquele que semear muito colherá muito"[144]. ..."A medida que você

---

140. Cf. Mt 25,40.

141. Cf. Mt 22,39.

142. Cf. Mt 25,40.45.

143. Mt 19,17.

144. 2Cor 9,6.

usou com os outros será usada com você"[145]. ...Sejamos, pois, não apenas misericordiosos para com os pobres, mas ternos para com os irmãos; "ame ao próximo como a si mesmo"[146]. ...partilhemos tudo com ele como se fosse para nós; demos-lhe *não apenas o pão, mas também o peixe*. Não é apenas aos irmãos, aos infelizes que nós os damos, é ao nosso Senhor Jesus... "Tudo o que fizerem ao mais pequenino é a mim que o fazem"[147]. Oh! Sejamos não apenas generosos, não apenas pacientes e ternos, mas humilde, respeitosa e amorosamente os servidores dos pobres, vendo neles os membros de Jesus e dando por meio deles a Jesus! ...Partilhemos, partilhemos, partilhemos tudo com eles, e demos a eles a melhor parte, e se não houver o bastante para dois, demos a eles tudo, pois é a Jesus que damos; Ele não esquecerá aquele que se despoja por Ele, e se depois de ter dado tudo, por Ele, para Ele em seus membros, morrermos de fome, que destino mais abençoado, que destino mais feliz o de morrer de fome por ter dado tudo a Jesus! ...Que felicidade, que felicidade, que beatitude! ...Que abençoado, que bem-aventurado seria esse fim! ...E se não morrermos, mas adoecermos de necessidade por ter dado demais a Jesus em seus membros, que abençoada, que bem-aventurada doença! Como seríamos felizes, favorecidos, privilegiados, que graça de Deus, que felicidade adoecer por esse motivo! ...Dar, dar, partilhar tudo com os pobres, dar-lhes até que para nós mesmos tudo falte é nossa própria felicidade, é nosso dever diante daqueles que são nossos irmãos e iguais a nós... é nosso dever para

---

145. Lc 6,38.
146. Cf. Mt 22,39.
147. Mt 25,40.

com Jesus de quem são membros e que diz: "Tudo o que fazem a um desses pequeninos vocês fazem a mim"[148].

124 "Jesus colocou a mão sobre os olhos dele e ele começou a ver" (Mc 8,25).

Amor aos homens. Jesus curou um enfermo. ...*Imitemos* sua bondade. A seu *exemplo*, aliviemos toda enfermidade na medida em que isso está em nós, com os meios que Deus nos dá, e na medida em que nos permite a obediência a Deus representado pelo pai espiritual, ...façamos nessa obediência todo o bem possível a *todos* em sua alma, em seu coração, em seu corpo...; em sua alma primeiro, mas sempre e também em seu coração e em seu corpo... lembrando-nos de que a consolação dos corações e o alívio dos corpos sempre faz bem às almas, e que não é apenas com as palavras e com os meios materiais que consolamos e aliviamos, mas, em primeiro lugar, com a *prece*, que é o *mais eficaz dos meios* não apenas para converter, mas também para consolar os corações e aliviar os corpos.

125 "Saia do corpo desta criança e não retorne mais! ...E Jesus, tomando a criança pela mão, ajudou-a a se levantar" (Mc 9, 24-26).

Amor aos homens. Não apenas façamos o bem, mas o façamos amavelmente, graciosamente, sem qualquer arrogância, mas sendo (o *que somos na realidade*)

---

148. Mt 25,40.

igual aos pequeninos... Não nos contentemos em curar, aliviar, dar esmola; tomemos também os pobres, os pequenos, "esses insignificantes que são os irmãos de Jesus"[149], familiarmente pela mão, com a familiaridade de um igual, com a ternura de um irmão, com a bondade de nosso divino modelo Jesus e também com o respeito que devemos a esses membros de Jesus, a alguma coisa de Jesus, com o respeito, o amor, a felicidade, a dedicação, o reconhecimento para com Deus, que nos oferece essa graça, que devemos experimentar tocando aquele *em que Jesus está* por seu amor, aquele sobre o qual Ele disse que "tudo o que fizermos a cada um deles nós faremos a Ele mesmo"[150]. ...Portanto, quando um pobre se apresenta a nós, um doente, por mais repugnante que possa ser para a natureza, para os olhos não cristãos, que só veem a aparência das coisas, os fantasmas, os monstros, que divina beleza, que encanto, que atrativo, que atração, que radiante esplendor ele deve ter para nós, cristãos, que elevados acima dos nevoeiros que envolvem essa terra para os mundanos vemos as coisas na pura claridade da eterna verdade... nós que, neste mundo, temos Deus como luz e o Cordeiro como flama..., nós que, para além das aparências, dos fantasmas, acima do nevoeiro, vemos as coisas no brilho da beleza, da verdade com a qual os reveste a infinita bondade de Deus! ...Que os pobres, os enfermos, os doentes, os miseráveis, tudo o que desagrada o mundo, nos atraia então o mesmo tanto, nossos filhos de luz, nos quais vemos resplandecer a imagem de Jesus que os mundanos rejeitam, eles que andam como cegos no espesso nevoeiro de seus loucos pensamentos.

---

149. Mt 25,40.

150. Cf. Mt 25,40.

126 *"Ele tomou uma criança e depois de tê-la beijado..." (Mc 9,35).*

Amor aos homens. Não nos contentemos em rezar pela conversão, pela santificação das almas, em exortá-las ao bem, instruí-las, aliviar os sofrimentos da alma, do corpo e do coração; sejamos também como Jesus, perpetuamente *amáveis*, perpetuamente *ternos, afetuosos, fraternais*, com o coração sempre transbordante de bondade e de amor, com a boca cheia de ternas palavras e, por assim dizer, de beijos; que nossa boca, nossos olhos, nosso coração sejam também e sempre ternos e graciosamente fraternais e carinhosos para com todos os homens – salvo, é claro, quando o dever nos obriga à severidade, como quando Jesus expulsou os vendilhões do templo ao reprimir os fariseus. Amemos com marcas de ternura particulares e tenhamos cuidados especiais com as crianças, pelas quais nosso Senhor se mostra tão terno; essa idade tem tantas necessidades espirituais, intelectuais e materiais! Vamos satisfazê-las com um devotamento e um amor sem limites: "Aquele que recebe um desses pequeninos recebe a mim"[151]; ao fornecer educação a uma dessas crianças muitas vezes oferecemos a salvação de sua alma, pois fazemos um eleito que louvará a Deus eternamente, e não um danado que o teria eternamente blasfemado; é nossa contribuição para que um membro de Jesus, alguma coisa de Jesus, se torne feliz pela eternidade; é ao próprio Jesus que fazemos esse bem[152]; cumprimos seu desejo único fazendo arder nesse jovem coração essa chama do amor divino que Ele veio

---

151. Mt 18,5.

152. Mt 25,40. Quanto à questão da salvação dos não crentes, cf. Tomo 1 – Introdução, p. 30, nota 70 da versão original da série.

acender aqui na terra. Cumprimos sua obra, penetramos em seu trabalho, ajudando o máximo que podemos na salvação dessa alma pela qual Ele deu seu sangue. Dessa forma, nós o imitamos, Ele que veio "salvar o que estava perdido"...[153] e o obedecemos, Ele que nos disse: "Para fazer aos outros o que gostaríamos que nos fizessem"[154] e para "amar ao próximo como a nós mesmos"...[155] Sejamos então *graciosos, amáveis* para com todos, e forneçamos como ternos irmãos mais velhos o que é necessário para todas as crianças.

127 *"Quem recebe em meu nome um desses pequeninos recebe-me" (Mc 9,36).*

Amor aos homens. Recebamos as crianças para nelas receber Jesus e amemos Jesus recebendo-o nelas, para imitar Jesus abençoando-as e abraçando-as, para obedecer a Jesus que nos recomenda com tanta frequência. ...Vamos recebê-las dando-lhes o que precisam para seu corpo, principalmente para sua alma, recolhendo-as se precisarem serem recolhidas, tendo por elas não apenas por alguns dias, por alguns meses ou por alguns anos, mas pelo tempo necessário, todos os cuidados de que precisam. ...E não sejamos benfeitores estranhos nem superiores, e sim mães: ternos, maternais, cheios de delicada atenção, carinhosos como mães ternas, pois se somos as esposas de Jesus, não devemos então ser as mães de seus filhos, e mães ainda mais ternas porque desejamos

---

153. Mt 18,11.

154. Cf. Mt 7,12.

155. Cf. Mt 22,39.

muito mais que essas crianças amem a Jesus; pois quanto mais formos ternos e maternais com elas, mais o coração delas se enternecerá, mais estará disposto a amá-lo, e amará ao Pai delas, nosso divino esposo.

128 "Quem lhe der um copo d'água em meu nome, porque pertence a Cristo, eu na verdade lhes digo, ele não perderá sua recompensa" (Mc 9,40).

Amor a Deus e amor aos homens. Como Tu és bom, meu Deus, de nos mostrar tão nitidamente nesta passagem a importância do amor ao próximo e também os limites que ele não deve atravessar. Pois tudo deve ter limites, exceto o amor a Deus que deve ser sem medida, e somente no qual, portanto, não podem existir excessos. A regra dada por Jesus é muito simples: é preciso fazer aos outros todo o bem possível, seja em sua alma, seja em seus corpos, desde os maiores até os pequeninos, desde "dar sua vida por aqueles que amamos"[156] até "dar-lhes um copo d'água fria"[157], permanecendo, porém, nos limites da obediência a Deus, isto é, aos seus representantes, pois "quem o escuta, me escuta"[158], uma vez "que aquele que me obedece é aquele que me ama"...[159] Mas todo esse bem é preciso fazê-lo não por causa dos homens, mas na intenção de Deus, "pois os homens pertencem a Cristo"[160]; na intenção de Deus, pois somente

---

156. Cf. Jo 15,13.

157. Mt 10,42.

158. Lc 10,16.

159. Jo 14,15.

160. Cf. 1Cor 3,23.

a Ele pertence todo o nosso coração, todo o nosso amor, todos os nossos atos, todos os nossos instantes, todo o nosso ser e todo o nosso ter. ...Não que o amor pelos homens não deva estar em nós; ele deve estar, e muito ardente, mas na intenção de Deus, mas secundário; o amor a Deus permanecendo sempre a única causa de todos os nossos atos, o único princípio de todos os nossos movimentos, ocupando sempre nosso coração por inteiro, como o único principal, como a fonte e a causa de todos os nossos outros sentimentos, como a totalidade de nosso coração e de nossa alma; *Deus meus et omnia*[161]. ...Fazer todo o bem possível aos outros, sem outros limites do que a santa obediência, mas fazê-lo sempre somente na intenção de Deus; eis a regra que Deus nos dá.

129 *"Tenham a paz entre vocês" (Mc 9,49).*

Amor aos homens. A paz é o primeiro grau do amor. Como um terno pai quer que a paz reine entre seus filhos, também Deus quer que a paz – a concórdia, a harmonia, o amor, a união – que existe ente os mais amorosos e os melhores dos irmãos exista entre todos os membros de sua grande família humana. Mais vale suportar todo mal do que perturbar essa paz, mais vale se deixar despojar de tudo, mesmo de suas roupas, mais vale se deixar esbofetear do que perturbar essa paz resistindo ao irmão culpado que nos ataca. Se alguém comete o pecado de perturbar a paz dos filhos de Deus nos atacando, façamos todo o possível para recuperar a paz, não resistindo, deixando-nos, a *exemplo* de Jesus, cordeiro imolado, "não apenas tosar,

---

161. "Meus Deus e meu tudo". Cf. SÃO BOAVENTURA. *Legenda maior.*

mas degolar sem nos queixarmos"[162], segundo sua palavra: "Não resistam ao mal"[163]. ...Há, no entanto, um caso em que é preciso resistir ao mal pela força, nem sempre, mas pelo menos com frequência (ao menos não ordinário, quando se trata de perseguições religiosas exercidas pelo governo estabelecido), é quando não se trata mais de defender a si mesmo, mas de proteger os outros. Jesus sempre protegeu seus apóstolos durante sua vida: "Aquele que não cuida dos de sua própria casa renega a fé"[164].

130 *"Ele começou a ensiná-los, como era seu costume" (Mc 10,1).*

Amor aos homens. Quantas dores, quantas fadigas, quantas corridas, quantas palavras nosso Senhor dispensa para a salvação das almas! ...É a esse ponto que Ele as ama, é o preço que lhes dá! ...Com que zelo, com que ardor, com que desejos não devemos também desejar que esse fogo do amor divino se acenda na terra! Com que zelo não devemos trabalhar para a salvação das almas pelas quais nosso Senhor Bem-amado se deu tanto trabalho e trabalhou com tanto ardor!

131 *"Deixem vir a mim as criancinhas" (Mc 10,14).*

Amor aos homens. Jesus amou essas crianças, vamos amá-las também. Amou sobretudo sua alma, vamos

---

162. Cf. Is 53,7.

163. Mt 5,39.

164. Cf. 1Tm 5,8.

amá-la. Pela alma dessas crianças Ele trabalhou, sofreu, falou, suportou muitas fadigas, perseguições, humilhações, contradições, foi rejeitado, deu sua vida e seu sangue. ...O que não devemos então fazer para salvá-la... Olhemos o mundo, vejamos essa multidão de crianças que nascem todos os dias, que vivem entre os povos infiéis, que despertam todas as manhãs no seio das nações não cristãs. ...Se esses povos tivessem a fé essas crianças seriam anjos e se tornariam santos, ao passo que pertencem ao demônio e provavelmente se tornarão danadas. E nosso Senhor as amou tanto! Comprou-as por um preço tão alto! Choremos e rezemos! Ofereçamos nossa alma e nosso corpo a nosso Senhor... Supliquemos por aquelas que Ele ama. ...Façamos tudo o que Ele quiser de nós... Choremos, supliquemos penitência, amor! Peçamos a nosso Senhor como Ele quer que ajudemos na redenção de todas essas almas, e obedeçamo-lo.

132 *"Beijando as crianças e impondo-lhes as mãos Ele as abençoava" (Mc 10,16).*

Amor aos homens. Jesus ama todos os seres humanos do fundo do coração e o prova não somente dando-lhes seu sangue e dedicando sua vida à salvação de sua alma, mas mostrando-lhes em toda ocasião a ternura, a afeição pelos seres queridos. Imitemos *nosso Modelo*: consagremos por amor a Ele, pelo seu exemplo, nossa vida, e demos, se isso for do seu agrado, nosso sangue pela salvação das almas, e sejamos com todos ternos, afetuosos, como com irmãos queridos, filhos de nosso Bem-amado. Tenhamos especialmente uma ternura extrema, cuidados, uma vontade ativa de oferecer salvação às crianças, cuja inocência ainda é tão grande, e que na maior parte do tempo bastaria dirigi-las à verdade para dá-las a Deus nesta e na outra vida.

133 *"Ao vê-lo, Jesus sentiu amizade por ele" (Mc 10,21).*

Amor aos homens. Jesus "sentiu amizade", ou seja, mostrou-lhe os efeitos de sua amizade, pois quanto a tê--la, Jesus a possuía antes de vê-lo com os olhos da carne, Ele que abraçava todos com um amor tão caloroso. ...A exemplo de Jesus, amemos ardentemente, na intenção da bondade divina e na intenção de Jesus, todos os seres humanos, e mostremos-lhes os efeitos desse amor no mesmo instante em que começamos nossa relação com eles, de forma que cada um possa dizer: "Ele me amou assim que me viu". Observemos com que paciência nosso Senhor fala, interrompe, na medida em que isso é útil às almas. Quantas fadigas, quantos cuidados Ele abraça pela nossa salvação! Como Ele, façamos tudo o que for possível, utilizemos tudo o que Ele colocou em nossas mãos para trabalhar na salvação de todos, sem outros limites em nosso zelo do que a santa obediência àqueles que Ele encarregou de nos manifestar sua vontade.

134 *"Escarnecerão dele, cuspirão em seu rosto, o flagelarão e o matarão" (Mc 10,34).*

Amor aos homens. Todas essas terríveis dores, meu Deus, por quê? Por bondade, por amor a todos, a fim de santificá-los. ...Que amor não devemos ter por todas as almas que Deus amou a esse ponto! O que não devemos empreender, fazer para a salvação delas, uma vez que Deus tanto fez.

135 *"Quem de vocês quiser ser o primeiro que se torne o servidor de todos" (Mc 10,44).*

Amor aos homens. A exemplo de Jesus, tornemo-nos o servidor dos homens, servidor por bondade, servidor pelo amor deles na intenção de Deus, servidor pelo amor de Jesus para obedecer-lhe e imitá-lo; ...servidor de seus corpos, como Jesus, lavando os pés dos apóstolos, servindo e ajudando seus pais, aliviando os doentes e os enfermos, alimentando aqueles que têm fome... servidor sobretudo de suas almas, consagrando na intenção de Deus, para fazer "a obra de nosso Pai"[165], nossa vida para que Ele seja glorificado pelas almas, para que Ele seja amado pelas almas, a exemplo de Jesus, que consagrou sua vida aqui neste mundo a "acender na terra o fogo do amor de seu Pai"[166], e cujo único desejo era ver esse fogo arder nas almas.

136 *"O Filho do Homem não veio para ser servido, mas para servir e dar sua vida em redenção de muitos" (Mc 10,45).*

Amor aos homens. Sirvamos a todos, sirvamos nos rebaixando diante deles, tornando-nos seu servidor, seu criado, como Jesus se fez o servidor de seus apóstolos ao lhes lavar os

---

165. Cf. Lc 2,49.

166. Cf. Lc 12,49.

pés "para que eles fizessem o mesmo"[167]; sirvamo-los provendo as necessidades de seus corpos, como Jesus trabalhando para alimentar Maria, como Jesus alimentando e curando as multidões; sirvamo-los provendo as necessidades de suas almas, como Jesus instruindo, pregando, dando o exemplo, rezando por todos, sofrendo por eles, morrendo por eles; ...sirvamo-los provendo as necessidades de suas almas a ponto de consagrar nossa vida a essa obra e de dar por ela nosso sangue, "em redenção por muitos", como nosso Senhor Jesus.

137 *"Vá, disse-lhe Jesus, sua fé o curou" (Mc 10,52).*

Amor aos homens. *A exemplo* de Jesus, aliviemos os doentes, os sofredores, na medida do possível, pois é *obedecer-lhe;* Ele que o prescreveu com tanta força ao dizer que "toda vez que não o fizéssemos, seria a Ele próprio que não o faríamos"[168]. E com que *zelo* devemos fazê-lo, sabendo, por um lado, que são os próprios *membros de Jesus* que aliviamos, que é Ele próprio que estamos aliviando; e, por outro, que o bem que fazemos aos corpos contribui muito para salvar as almas, para que amem a Deus, e que a salvação das almas, seu amor a Deus são o *único desejo* de Jesus.

138 *"Quando você começa a rezar, se tiver algo contra alguém, perdoe... Se não perdoar, seu Pai, que está no céu, também não o perdoará" (Mc 11,25-26).*

Amor aos homens. Perdoemos! Todos são filhos de nosso Pai celeste. ...Como podemos pedir a Deus o perdão de nossas faltas se nós mesmos não o concedemos

---

167. Cf. Jo 13,15.
168. Cf. Mt 25,45.

aos seus próprios filhos. ...Se estamos em guerra com os filhos desse terno Pai, se lhes recusamos inflexivelmente o perdão, como nós, a quem na realidade eles ofenderam tão pouco e a quem devem tão pouco, ousamos esperar que Ele nos perdoe, nós que tanto o ofendemos, que tanto lhe devemos? Que audácia pedir graças a um Pai a quem ofendemos gravemente, no momento mesmo em que recusamos perdoar os leves erros de seus filhos! Perdoemos mesmo sem essa evidente consideração que faz do rancor uma monstruosidade. ...Perdoemos mesmo assim, por *puro amor*, porque Jesus nos disse, porque nos dá o *exemplo*, porque *Ele ama a todos*, e se o amamos, devemos amar aqueles tão amados por Ele e, por amor a Ele, perdoar-lhes antecipadamente todo mal que poderão nos fazer, porque é preciso *ser bom*, na medida em que a bondade é um bem em si, uma perfeição divina, o próprio Deus.

139 "Eis o primeiro de todos os mandamentos: Amará o Senhor seu Deus de todo o coração, de toda a alma, de todo o espírito, e com todas as forças. Mas existe um segundo semelhante ao primeiro: Amará seu próximo como a si mesmo. Não há maior mandamento do que estes" (Mc 29,30,31).

Amor a Deus. Amor aos homens. O primeiro mandamento encerra todos os outros, inclusive o segundo; pois quem ama a Deus necessariamente ama a todos, por obediência, por imitação do Bem-amado, e porque são amados pelo Bem-amado; a obediência, a imitação, o amor pelo que o Bem-amado ama fazem necessariamente parte do amor, quando este se dirige a um Bem-amado perfeito, isto é, a Deus, único perfeito, a Deus, único que podemos amar com um amor perfeito, pois o amor só pode se desenvolver plena e perfeitamente por um Bem-amado perfeito. Contudo, nosso Senhor fez uma menção particular ao segundo. Por quê? Precisamente porque estando necessariamente contido no primeiro, está tão intimamente ligado a ele que é sua marca visível, o sinal exterior: o amor a Deus se reconhece menos do lado de fora; podemos facilmente nos iludir sobre ele, acreditar que o possuímos e não tê-lo, pois basta olharmos o amor que temos pelo próximo e seremos informados sobre aquele que temos por Deus, uma vez que são inseparáveis e juntos aumentam e diminuem na mesma proporção, pois o amor que temos pelo próximo é facilmente reconhecido; nós o constatamos todos os dias nos pensamentos, nas palavras, nos atos que fazemos e nos que não fazemos; é fácil saber se fazemos pelo próximo o que gostaríamos que fizessem por nós, se o amamos como a nós mesmos, se vemos nele nosso Senhor, se o tratamos com o amor, com a ternura, com a compaixão, com o respeito, com o zelo de seu bem que devemos aos membros de Jesus, às porções de Jesus. ...Há outros motivos pelos quais nosso Senhor deu esse lugar especial ao amor ao próximo, particularmente este: se o amor ao próximo é uma consequência necessária do amor a Deus, a prática do amor ao próximo produz também o amor a Deus e o fortalece, o estrutura admiravelmente; é natural e necessário, pois temos apenas um coração, o mesmo coração com o qual amamos a Deus é também aquele com o qual amamos aos homens: se nosso coração se aquece, se inflama, se enternece na prática do amor ao próximo, da mesma forma torna-se mais quente, mais terno para amar a Deus. Nosso coração não pode ser de fogo para Deus e de gelo para os homens;

nem de fogo para os homens e de gelo para Deus. Ou é de gelo ou de fogo, ou é quente ou frio; se é quente para Deus será quente para os homens; se é quente para os homens será quente para Deus. ...Assim, mais nosso coração ganha em calor dedicando-se a amar aos homens, mais se torna capaz de amar a Deus. De modo que foi dito, acertadamente, que se queremos adquirir o amor a Deus o melhor meio é se dedicar a amar os homens. ...Assim, o amor ao próximo é não somente um dos sinais mais certos do amor a Deus, como também um dos meios mais certos de adquiri-lo.

140 *"O que eu lhes digo, eu o digo a todos: 'Vigiem'"* *(Mc 13,37).*

Amor aos homens. Nosso Senhor nos dá um admirável exemplo de caridade nesse diálogo que precede de tão perto sua paixão. ...*Ele se esquece de si mesmo*, Ele que vai sofrer tanto a ponto de não dizer uma palavra sobre o que o espera... Todas as suas palavras têm como único objeto o bem das almas de seus discípulos e de todos. ...Imitemo-lo. *Esqueçamo-nos de nós mesmos* por amor às almas; *em nossos diálogos não falemos de nós*, peçamos a Deus que nos inspire *sobre o que pode fazer o maior bem às almas*; esforcemo-nos para conhecê-lo, digamo-lo para a glória de Deus, e não falemos de nós mesmos; *que essa seja a regra geral para todas as nossas conversas; dizer só o que é mais apropriado para fazer o bem às almas, para glorificar a Deus*, e antes de falar, peçamos inspiração a Deus, busquemos esse bem, depois digamo-lo plena e unicamente: *tenhamos a força* de dizê-lo e *a força* de dizer apenas isso.

141 "Deixem-na, por que a fazem sofrer?" (Mc 14,6).

Amor aos homens. Defendamos nossos irmãos quando forem injustamente atacados. É um dever de caridade ao qual nosso Senhor nunca faltou. Aqui Ele defende Madalena contra seus apóstolos, ali contra sua irmã, acolá contra os fariseus, mostrando-nos com que dedicação é preciso tomar a defesa dos inocentes, revelando-nos assim que as pessoas que amam muito serão muito contraditas, atacadas, perseguidas e que seus próprios atos de amor, aqueles que mais agradam e glorificam o Bem-amado serão atacados e recriminados, e isso não apenas pelos mundanos, mas também por aqueles que fazem profissão de virtude como os fariseus, e até mesmo pelos santos, como Santa Marta, e pelos verdadeiros pilares da Igreja, como os apóstolos. ...Portanto, defendamos sempre nossos irmãos inocentes, ou seja, todo inocente que é atacado, sabendo que assim defenderemos também nosso Senhor injustamente atacado em um de seus membros, em uma porção de seu corpo. "O que você fez a um desses pequeninos foi a mim que fez... O que você não fez a um desses pequeninos foi a mim que não fez"[169].

142 "Tomai, isto é meu Corpo... Isto é meu Sangue" (Mc 14,22-24).

Amor a Deus. Amor aos homens. Amemos a Deus que nos amou primeiro a ponto de se dar plenamente a nós, de se entregar, de se abandonar, de se confiar a

---

169. Cf. Mt 25,40.45.

nós, de nos fazer possuí-lo de uma maneira tão inefável; amemos a Deus que, nas "invenções" de seu amor, encontrou e empregou esse meio de se dar a nós, de uma forma infinitamente mais perfeita do que seres humanos não podem se dar um ao outro. ...Amemos a todos os homens que Deus amou a ponto de se oferecer a cada um deles para ser possuído de uma maneira tão completa, que Deus amou a ponto de se entregar assim a eles; amemos aos católicos cujos corpos e almas são tão sagrados, tão divinos, tabernáculos de nosso Senhor Jesus, em que nosso Senhor Jesus por alguns momentos só se apresenta de uma forma realmente menos completa do que no santo cibório e quando estava sob o teto de Nazaré e de Betânia.

143 *"Vigiai e orai" (Mc 14,38).*

Amor aos homens. Mesmo em meio às nossas maiores provas não nos esqueçamos do próximo; mesmo nas angústias mais pungentes, mesmo na agonia e na morte, façamos àqueles que nos cercam todo o bem espiritual e material que podemos, conselhos, atos, assim como nosso Senhor agonizando: "Vigiai e orai...[170] Deixai estes irem"[171].

Meu Deus, tudo se cala, tudo dorme. Eis-me aqui a teus pés em tua pequena casa de Nazaré, entre a Santa Virgem e São José, estreitando-me contra ti, olhando-te, dizendo-te baixinho que eu te amo, adorando-te em silêncio,

---

170. Mt 26,41.

171. Jo 18,8.

perdendo-me com teus santos pais em tua contemplação e em tua adoração. Meu Deus, eu te amo, eu te amo, eu te amo, soterre-me com teus pais em teu amor, faze com que me abisme com eles, mergulhe com eles, morra para tudo o que não é Tu e só respire para te amar e fazer tua vontade. Meu Deus, eu te adoro, faze com que eu te ame!

144 *"Durmam agora e descansem. Basta, é chegada a hora..." (Mc 14,41).*

Amor aos homens. Nas recriminações que devemos fazer às almas imitemos a doçura de nosso Senhor, toda vez que o bem delas não exigir a severidade. Esta é necessária com os hipócritas, com as almas de pouca vontade, com os endurecidos, com os fariseus e com os cambistas; mas com as almas de boa vontade que sucumbem pela fragilidade, com os apóstolos que se deixam adormecer, sejamos doces e pacientes sem medida, como nosso Bem-amado Salvador; no espaço de uma hora Ele se aproximou três vezes para despertá-los e toda as vezes as palavras que lhes dirigiu, as recriminações que fez foram de uma doçura, de uma ternura inefável. ..."Eu sou manso e humilde de coração"[172]. ...Façamos da mesma maneira.

145 *"Colocaram a mão sobre Ele e o prenderam" (Mc 14,46).*

Amor a Deus. É, em primeiro lugar, por amor a Deus que nosso Senhor se deixou prender; Ele o in-

---

172. Mt 11,29.

dicou com estas palavras: "O cálice que meu Pai me preparou não o beberei?"[173] ..."Ele foi obediente até a morte"[174]. ..."Não minha vontade, mas a vossa"[175]. ..."Vim para esta hora; Pai, glorificai o vosso nome!"[176] ...Como Ele, façamos todos os sacrifícios, deixemo-nos deter, prender, encarcerar por amor a Deus, para glorificá-lo ao obedecer-lhe, ao sofrer o que sua vontade nos oferece para sofrer.

Amor aos homens. É, em segundo lugar, por amor aos homens que nosso Senhor sofreu a prisão, as correntes. "Vim dar minha vida em redenção de muitos"[177]. "Eis o sangue derramado por muitos em remissão dos pecados"[178]. ...Como Ele, façamos todos os sacrifícios, o da liberdade, deixemo-nos aprisionar por amor aos homens, seja quando houver necessidade de lhes defender a vida ou a liberdade, seja sobretudo quando resultar de nossos esforços para salvar e santificar suas almas, lembrando-nos, aliás, de que todos nossos sofrimentos, "complemento da Paixão de Cristo"[179], bem como todas nossas boas obras, dedicadas aos homens por intenção especial, e geralmente pela comunhão dos santos, são extremamente benéficas para sua alma.

---

173. Jo 18,11.

174. Fl 2,8.

175. Lc 22,42.

176. Cf. Jo 12,28.

177. Cf. Mt 20,28.

178. Mt 26,28.

179. Cl 1,24.

146 "O sumo sacerdote lhe disse: 'És tu o Cristo, Filho do Deus bendito?' Jesus respondeu: 'Eu sou!'" (Mc 14,61-62).

Amor a Deus. Nosso Senhor, com essa confissão, que é o motivo expresso, formal, de sua condenação à morte, fez de sua morte não apenas um sacrifício como um verdadeiro martírio, pois foi condenado formalmente *por ter se confessado o Cristo*. Vemos o quão exatas são suas palavras a Pilatos: "Vim para este mundo para dar testemunho da verdade!"[180] Isso é tão verdadeiro que Ele morreu precisamente por causa do testemunho que deu à verdade. ...Foi principalmente por amor a Deus que Ele se confessou o Filho de Deus, por amor à verdade incriada que Ele é ligado à verdade a ponto de proclamá-la com o preço de sua vida; uma vez que, aliás, é *principalmente* por amor a Deus que Ele fez todos os seus atos interiores e exteriores, que Ele agiu em todos os momentos de sua vida: "Dar a Deus o que é de Deus"[181]; ou seja: *todo* o ser; "amem a Deus de todo seu coração"[182], em *tudo, tudo!*

Amor aos homens. Foi, em segundo lugar, por amor a todos que Ele fez essa confissão tão nítida, tão clara, tão solene; foi para fortalecê-los na fé em sua divindade, para lhes dar o exemplo de um apego inviolável à verdade, para lhes dar o exemplo de uma generosa e corajosa confissão diante dos juízes, dos carrascos, daqueles entre cujas mãos está nossa vida, nem que nossa morte seja o resultado imediato e certo. Ele deu o exemplo de confissão dos mártires para nos mostrar "a via",

---

180. Jo 18,37.

181. Mt 22,21.

182. Mt 22,37.

para mostrar o caminho a todos os mártires futuros que doravante deverão segui-lo.

147 "Começaram a cuspir-lhe, a encobrir-lhe o rosto, a dar-lhe socos, dizendo: 'Profetiza'... e os criados davam-lhe bofetadas" (Mc 14,65).

Amor a Deus. É por amor a Deus que Tu sofreste isso, ó meu Senhor! "Para que o mundo saiba que amo meu Pai e que sempre faço sua vontade"[183]; "Sempre faço o que lhe é agradável"[184]; "Desci do céu não para fazer a minha vontade, mas para fazer a vontade de meu Pai"[185]; "Ele se fez obediente até a morte"[186].

Amor aos homens. Assim como a causa principal, o fim último de todos os seus atos foi o amor a Deus, e portanto a busca de sua glória e a obediência à sua vontade, assim também a causa secundária de todos os momentos, de todos os atos de sua vida terrena foi a santificação de todos: "Deus amou tanto o mundo que enviou seu Filho único para que o mundo fosse salvo por Ele"[187]; "Pai, eu vos glorifiquei sobre a terra; glorificai agora vosso filho; realizei a obra da qual me encarregastes, manifestei vosso nome"[188]; "Vim dar minha vida

---

183. Cf. Jo 11,41-42.

184. Jo 8,29.

185. Jo 6,38.

186. Fl 2,8.

187. Jo 3,16.

188. Cf. Mt 20,28.

em redenção"[189]; "Vim acender o fogo sobre a terra"[190]; "Vim salvar o que estava perdido"[191]; "Ele foi chamado de Jesus, isto é: Salvador"[192].

148 *"Pilatos o interrogou: 'Tu és o rei dos judeus?' Ele lhe respondeu: 'Sim, como tu o dizes'" (Mc 15,2).*

Amor a Deus. Tu dás essa resposta, meu Senhor, pois essa é a que mais agrada a Deus. ...Em cada pensamento, palavra, ação, Tu te perguntas qual é o pensamento, a palavra, a ação mais agradável a Deus, e tu as produzes. ..."O que é agradável ao meu Pai, eu o faço sempre"[193]. ..."Não falo por mim mesmo; o que digo, digo-o de acordo com o que meu Pai me ordenou"[194]. "Observo os mandamentos de meu Pai, e assim permaneço em seu amor"[195].

Amor aos homens. Nosso Senhor só respondeu aos fariseus depois de um longo interrogatório no qual o conjuram *em nome de Deus, pelo amor a Deus*, a dizer se Ele era o Cristo. Respondeu, já nas primeiras palavras, que era, e deu algumas explicações que poderiam salvar a alma de Pilatos, pois via os primeiros tão endurecidos no mal, que falar com eles teria sido "lançar

---

189. Cf. Mt 20,28.

190. Lc 12,49.

191. Lc 19,10.

192. Jo 8,29.

193. Jo 8,29.

194. Jo 14,10; 12,50.

195. Jo 15,10.

pérolas aos porcos"[196], ao passo que, em Pilatos, Ele via alguma boa vontade, alguma boa intenção, ainda que fraca, e logo procurou salvar essa alma, lançar nela uma semente de vida eterna. ...Também nós, mesmo em relação aos nossos juízes, aos nossos carrascos, aos nossos inimigos, devemos ver somente uma coisa: almas "resgatadas a grande preço"[197], "pelas quais Cristo morreu"[198] ...e se enxergarmos alguma possibilidade de lhes fazer o bem com nossas palavras, façamos o necessário para isso, como Jesus; se estão tão endurecidos quanto os fariseus, sigamos o exemplo de nosso Senhor, e não deixando de amar interiormente esses membros tão gangrenados de nosso Bem-amado, contentemo-nos, como Ele, de lhes dar em silêncio o exemplo de toda perfeição.

149 *"E ele entregou Jesus depois de mandar açoitá-lo" (Mc 15,15).*

Amor a Deus. É primeiramente para Deus que Tu sofreste a esse ponto, meu Deus, porque era a vontade dele, e aquele que ama obedece. "Sempre faço a vontade de meu Pai, e assim permaneço em seu amor"[199]. ..."O cálice que meu Pai preparou para mim não o beberei?"[200] ..."Eis que venho para fazer vossa vontade!"[201] ..."Para

---

196. Mt 7,6.

197. 1Cor 6,20.

198. 2Cor 5,15.

199. Jo 15,10.

200. Jo 18,11.

201. Hb 10,9.

que o mundo saiba que amo a meu Pai e que faço a sua vontade. Venham, saiamos daqui"[202].

Amor aos homens. É em segundo lugar por amor a todos, meu Deus, que Tu sofreste a esse ponto: "Ele foi chamado *Salvador*"[203]. ..."Vim servir e dar minha vida em redenção"[204]. ..."Eis o sangue que será derramado para a remissão dos pecados"[205]. ...Façamos o mesmo e não recuemos diante de nenhum sofrimento, quando isso for útil para o resgate, para a santificação das almas e até para o bem dos corpos e a consolação dos corações, uma vez que "tudo o que fizerem a um desses pequeninos, o fazem a mim"[206], e que sofrimento não abraçaríamos para aliviar ainda que pouco teu corpo ou teu coração.

150 "Colocaram sobre sua cabeça uma coroa de espinhos... E bateram em sua cabeça... e cuspiram nele" (Mc 15,17-19).

Amor a Deus. "O maior amor foi dar sua vida por aqueles que ama"[207]. "...Aquele que me ama é aquele que me obedece"[208]. Tu provas teu amor a Deus sofrendo por Ele dores mortais, meu Senhor, e sofrendo-as porque é

---

202. Jo 14,31.

203. Cf. Mt 1,21.

204. Cf. Mt 20,28.

205. Mt 26,28.

206. Cf. Mt 25,40.

207. Jo 15,13.

208. Jo 14,15.

sua mão que as impõe, em espírito *de obediência* à sua vontade, e ao mesmo tempo, de *sacrifício* para sua glória. ...Façamos o mesmo... Soframos tudo o que Deus nos oferece, nos pede, nos impõe sofrer, *amorosamente, bem-aventuradamente*, em espírito de obediência e de sacrifício... a exemplo de nosso esposo, *não recusemos nada a Deus, não recusemos nada de Deus*, nem mesmo a coroa de espinhos, as cuspidas e a cruz.

Amor aos homens. É na intenção de todos que Deus ofereceu, propôs, pediu a Jesus tais dores... para lhes oferecer *o amor de Deus para eles*, chamá-los a lhe dar *amor por amor*, poder lhes dizer: "*Amai a Deus, uma vez que Ele os amou primeiro*"[209], para lhes *dar o exemplo do sacrifício*, do sofrimento que lhes são necessários para cumprir todo bem, desde o pecado de Adão, para levá-los a *abraçar voluntariamente o sacrifício*, para ensinar-lhes com um exemplo divino a *obediência a Deus*, a *paciência*, a *doçura*, a *coragem*, a aceitação de todas as *violências, as injúrias, os ultrajes*, recebidos sempre amorosamente como vindos menos dos homens do que de Deus.

151 "E o conduziram ao lugar chamado Gólgota" (Mc 15,22).

Amor a Deus. Tu provas a Deus teu amor quando não recusas nada *a Deus*, quando não recusas nada *de Deus*, quando fazes e sofres tudo o que Ele te dá para fazer e para sofrer... Façamos o mesmo, não recusemos nada *a Deus*, não recusemos nada *de Deus*; façamos, so-

---

209. 1Jo 4,19.

framos tudo o que Ele nos pede para fazer, tudo o que nos oferece para sofrer. ...*Soframos, soframos*, toda vez que estiver conforme à vontade divina, carreguemos a cruz com nosso esposo, vamos ao calvário toda vez que Ele nos permite, que isso lhe agrade.

Amor aos homens. Façamos o bem a todos os seres humanos sofrendo por eles. ...Soframos na intenção de Deus primeiro, como Jesus, mas em segundo lugar pelos seres humanos, como Jesus; ...soframos por eles, porque desde o pecado de Adão o sofrimento é a moeda com a qual é preciso pagar todo o bem que queremos fazer; não podemos, pois, fazer o bem aos homens senão sofrendo na proporção desse bem...

152 *"Ofereceram-lhe vinho misturado com mirra, mas Ele se recusou a bebê-lo" (Mc 15,23).*

Amor a Deus. Em primeiro lugar, nosso Senhor recusou esse alívio por amor a Deus, para *glorificá-lo*, para *obedecer-lhe*, para fazer *esse sacrifício* que Ele sabe que lhe agrada... Por amor a Deus façamos tudo o que sabemos que o *glorifica*, que é *desejado por Ele*, que é para Ele um *sacrifício* agradável, sem dar maior atenção ao nosso corpo que perece do que a atenção dada por uma árvore às suas folhas que caem.

Amor aos homens. Em segundo lugar, é para todos aqueles aos quais Ele *aplica todos os seus méritos*, aos quais Ele *ensina por todos os seus atos*, que nosso Senhor recusa esse alívio... Soframos também, façamos penitências, todas as penitências que Deus nos inspira e nos permite, aceitemos todas as cruzes que Deus nos oferece e nos apliquemos a todos os méritos dessas cruzes, a todos esses sofrimentos, a todas as nossas penitências, e em geral a todos os nossos méritos: sofrer para assim santificar seu próximo é uma excelente maneira de praticar a caridade, bem conforme aos exemplos de nosso divino Modelo.

153 *"Depois de crucificá-lo eles dividiram entre eles suas roupas" (Mc 15,24).*

Amor a Deus. O supremo sofrimento! A suprema humilhação! O supremo despojamento! Por amor a Deus... para obedecer-lhe, "fazendo-se obediente até a morte e morte na cruz"[210], para glorificá-lo, "eis que o Pai vai ser glorificado no Filho"[211], para provar teu amor, "o maior amor é dar sua vida"...[212] Façamos o mesmo... "Quem não toma sua cruz e não me segue, esse não pode ser meu discípulo"[213]. ...Sacrifício, sacrifício por amor a Deus!

Amor aos homens. "Dei-lhes o exemplo para que façam o mesmo"...[214] "Se o grão de trigo não morrer, ele não dá nada, se morrer, ele dá muito"...[215] "Quando tiver sido elevado vocês acreditarão"...[216] "Vim acender um fogo"...[217] "Vim dar minha vida em redenção"...[218] Tu

---

210. Fl 2,8.

211. Jo 14,13.

212. Cf. Jo 15,13.

213. Mt 10,38.

214. Jo 13,15.

215. Jo 12,24.

216. Cf. Jo 12,32.

217. Lc 19,49.

218. Mt 20,28.

sofres primeiramente por Deus, em segundo lugar por amor aos homens, para *resgatá-los*, santificá-los, dar-lhes o exemplo, ser *amado por eles*... Soframos também por eles, *amemo-los em tua intenção*, até *dar nossa vida por eles*, até receber por eles *as supremas humilhações*, até ser reduzidos por eles à *suprema pobreza*.

154 *"Assim foi cumprida a profecia que diz: Ele foi colocado entre os celerados" (Mc 15,28).*

Amor a Deus. É principalmente por amor a Deus que Tu aceitas essa suprema humilhação diante de todos, para *obedecer-lhe*, fazer-lhe uma *declaração de amor*, oferecer-lhe um *sacrifício*! Também nos humilhamos, deixamo-nos humilhar *sem outros limites do que a vontade de Deus*, por amor a Ele, para *obedecer-lhe, imitá-lo, declarar-lhe nosso amor*, oferecer-lhe um *sacrifício*.

Amor aos homens. Provemos nosso amor por todos humilhando-nos sem medida, sem outro limite para nossos rebaixamentos do que aquele imposto pela obediência à vontade de Deus... nossos rebaixamentos serão muito úteis a todos, pelo *sacrifício* que contêm, pelo *exemplo* que dão, *pela* lição *de humildade e de desprezo do mundo que eles encerram*.

155 *"Aqueles que passavam blasfemavam contra Ele"* (Mc 15,29).

Amor a Deus. Por *amor a Deus* Tu bebes até a borda "o cálice que Ele te preparou"[219], não recusas nada, aceitas tudo o que Ele te oferece.

---

219. Jo 18,11.

Amor aos homens. Tu nos *provas teu amor*, Tu nos levas assim *a te amar* também, Tu nos *ensinas* a glorificar Deus pelo sacrifício, pela aceitação de toda humilhação, de todo desprezo, a recebê-los de todos na intenção dele, com humildade, reconhecimento, amor, como desejados por Ele; Tu nos fazes *amar* a humilhação e os desdéns pelos quais nos assemelhamos a ti; Tu nos ensinas a oferecer a Deus, para a santificação de todos, tudo o que temos de sofrer, de suportar, os maus-tratos que eles mesmos nos fazem, e a *converter assim em mel*, em glorificação de Deus e em santificação de todas *as piores coisas*, os pecados que comentem contra Deus por meio de nós. ...Tu nos ensinas a amar a todos e a trabalhar para a salvação deles de mil maneiras, enquanto eles só pensam em blasfemar, em nos fazer sofrer, em nos fazer morrer!

156 *"Meu Deus, meu Deus, por que me abandonastes?" (Mc 15,34).*

Amor a Deus. Por *amor a Deus* Tu sofres o abandono interior, a desolação interior... Por meio de um milagre espiritual teu pai te oferece esse cálice e Tu *o aceitas* como todos os outros, amorosamente, devido a esse *amor* que coloca tua alma humana em uma absoluta *conformidade de visões* com a vontade divina, que te faz abraçar com um ardor infinito tudo o que Deus quer.

Amor aos homens. Em segundo lugar, é por *amor aos homens* que Tu sofres esse abandono, ó meu Deus, para lhes *aplicar os méritos* desse aumento de dores, *ensinar-lhes* a suportar com amor e resignação, com conformidade à vontade bem-amada de Deus, as penas interiores, fazê-los amá-las como um traço de semelhança contigo, fazê-los *amá-las* como um sacrifício doloroso pelo qual glorificamos a Deus, quando Ele está conforme à sua vontade, *amá-las* porque, quando desejadas por Deus, aceitá-las amorosamente é uma maneira de provar, de declarar a Deus nosso amor, tanto mais eloquente quanto mais dolorosas elas são, *ensinar-lhes enfim a rezar para Deus* nas horas de abandono, a não buscar um alívio nas criaturas, mas a nos lançarmos unicamente no seio de Deus "nosso único esposo".

157 *"Mas Jesus, tendo lançado um grito, entregou o Espírito" (Mc 15,37).*

Amor a Deus. "Deposito minha vida para retomá-la, pois recebi essa ordem de meu Pai"[220]. ...É principalmente por obediência a Deus, por amor a Ele, que Tu morres, meu Deus. ...Nossa morte não poderia ser voluntária na mesma proporção que a tua! No entanto, ela também pode ser voluntária pela aceitação amorosa da morte e da maneira que mais agradar a Deus que morramos... *Peçamos sempre a Deus para viver e morrer da maneira que mais o agrade!* Se essa morte é o martírio, nós a abençoamos antecipadamente de toda nossa alma, e a fazemos voluntária com nossa voluntária e amorosa aceitação. Se for outra, nós também a fazemos voluntária ao declarar a Deus do fundo do coração que *a morte* que desejamos, que ambicionamos, é aquela que mais o agrada que tenhamos, não importa qual seja ela.

---

220. Jo 10,17.19.

Amor aos homens. Em segundo lugar, é por amor a todos que Tu morres, meu Deus; e Tu o dizes com estas palavras: "Ninguém tem amor maior do que aquele que dá sua vida por seus amigos"[221]. ...Tu morres para nos *resgatar*, para *salvar* o que estava perdido, para nos *livrar* da tirania do diabo, nos *reconciliar* com teu próprio Pai, nos *regenerar*, degradados que estávamos pelo pecado de Adão; Tu morres também para nos *dar o exemplo* nos sofrimentos, na cruz, na morte pelo martírio, essas "grandes vias do céu"; para nos provar *teu amor* ao sofrer tanto por nós; para nos mostrar *o horror do pecado*, cuja expiação custa tão caro!

158 *"Ide por todo o mundo e pregai o Evangelho a toda criatura" (Mc 16,15).*

Amor a Deus. *Zelo pela glória de Deus*, esforços (cada um segundo sua vocação) para fazer com que toda alma *ame* e *sirva* a Deus.

Amor aos homens. *Zelo pelas almas*, esforços para *santificar* e *salvar* toda alma (para isso praticar em relação a elas todos os *deveres de caridade*, os *interiores* sempre, os *exteriores* na medida de nossa vocação especial).

---

221. Jo 15,13.

Lucas

159 *"Eis a serva do Senhor; que me seja feito segundo a vossa palavra" (Lc 1,38).*

É com essa fala de *humildade* e *obediência* que Deus se encarna.

Amor a Deus. Deus se encarna *primeiro* por *amor à sua própria bondade*, à *bondade*, por *ser bom*, por *amor a si mesmo*, portanto; *...em segundo*, por *amor ao Homem-Deus Jesus*, para produzi-lo e dar-lhe uma glória infinita.

Amor aos homens. Em terceiro, Deus se encarna por *amor a todos*, para dar-lhes a felicidade eterna, fazê-los participar das riquezas de sua felicidade e de sua glória – Ele ama a todos, pois amar é querer o bem; mas para Deus querer é fazer; portanto Deus quer o bem de todos na medida em que lhes faz o bem; mas lhes faz o bem infinitamente; portanto, ama-os infinitamente.

160 *"Maria, partindo nesses dias, foi rapidamente para as montanhas" (Lc 1,39).*

És Tu, meu Deus, vivendo no seio de tua Mãe, que a inspira, que a faz agir... És Tu que visitas João, fazendo-a levá-lo para perto dele, ainda mais que não é ela quem visita Isabel.

Amor a Deus. *Obediência* a Deus, *conformidade* à sua vontade; *manifestação* de seu nome: "Cumpri a obra que me confiastes, manifestei vosso nome"[222]; *santificação* das almas, de João, de Isabel, de Zacarias, de toda essa casa, para a maior *glorificação* de Deus.

Amor aos homens. *Manifestação* de Jesus a todos... A *santificação* interior deles pela presença de Jesus... A *santificação* deles pela visão de Maria, sua sociedade, seus exemplos... Fazer *às pressas* tudo o que Deus ordena... Tornar os serviços materiais aos quais, segundo nosso estado, nossa vocação, Deus nos convoca... *Consolar os corações, fazer o bem aos corpos* por todos os meios que Deus coloca à nossa disposição, e sobretudo *fazer o bem às almas, fazer o bem às almas* em silêncio, *levando-lhes Jesus no Santíssimo Sacramento*, levando-lhes a devoção de Maria, honrada por todos, mostrando-lhes os exemplos que Maria lhes mostrava, na medida do possível, *os de todas as virtudes*. ...Santificar as almas em silêncio, como Maria na Visitação, *levando-lhes Jesus na Santa Eucaristia* e praticando diante delas as virtudes evangélicas.

161 *"Ela colocou no mundo seu filho primogênito... o envolveu em faixas e o pôs em um presépio" (Lc 2,7).*

Amor a Deus. *Obediência a Deus. Conformidade à sua vontade*. Atos interiores de *adoração, de oferenda, de amor*.

---

222. Jo 17,4.

Amor aos homens. *Aplicação dos méritos a todos nós...* Obrigado, *perdão, socorra-nos*, em nome deles... Aplicação das *boas obras, das preces, dos sofrimentos... Exemplo de abandono, de sujeição, de pobreza, de solidão, de penitência, de humildade... Chamado ao amor.* "Jesus, Menino tão doce!" ...Chamado à *contemplação* desse espetáculo tão encantador, tão suave! ...*Desprezo pelos bens e pelas honras terrenas. ...Desapego* de tudo o que não é Deus... *Apego* somente a Deus.

162 *"Eles encontraram Maria, José e o Menino" (Lc 2,16).*

Jesus se revela primeiro aos pastores.

Amor a Deus. *Conformidade à sua vontade*, atos interiores de *amor*, de *adoração*, de oferendas, de *ações de graça*.

Amor aos homens. Aplicação dos *méritos a todos nós... Preces* para eles: *"Obrigado, perdão, socorra-nos!"... Exemplo* de *abjeção* e de *humildade*. Nosso Senhor escolheu seus primeiros adoradores, seus primeiros confidentes, seus primeiros amigos entre os pastores, o que há de *menor*, de mais *desdenhado*, de mais *ignorante*. Ele não "busca a glória que vem dos homens!"...[223] *Consolação dos pequeninos* que se veem assim como os primeiros em sua corte.

163 *"Transcorridos os oito dias para a circuncisão do Menino, Ele recebeu o nome de Jesus" (Lc 2,21).*

Amor a Deus. *Obediência* a Deus, *conformidade* à sua *vontade, sacrifício* presente na circuncisão, *aceitação* amorosa e corajosa de todos os sacrifícios, da paixão e da

---

223. Cf. Jo 5,44.

morte, desse sangue derramado inteiramente com o qual será cumprida a redenção, obra do "Salvador"... Atos interiores de *amor*, de *adoração*, de *oferenda*.

Amor aos homens. *Sangue derramado* por eles na circuncisão, antecipadamente oferecido para eles na paixão... *Aplicação para eles dos méritos* do sacrifício presente e dos sacrifícios futuros... *Aceitação* do nome de "Salvador" e promessa interior de salvá-los, *resgatá-los* ao preço imposto por Deus, "dar sua vida em redenção"[224] para eles, uma vez que Deus o pede.

164 "Após terem realizado tudo segundo a lei do Senhor..." (Lc 2,39).

Amor a Deus. *Obediência* à sua *vontade*, à sua *lei*... *conformidade* à sua *vontade*... atos interiores de *amor*, de *adoração*, de oferenda... *Oferenda*, consagração de toda a vida e da *morte* a Deus.

Amor aos homens. *Aplicação dos méritos a todos nós*... *Prece* para eles... *exemplo de obediência* à lei divina, às cerimônias sagradas; de *humildade*, de fazer *o mais em vez de o menos* em relação ao serviço, à lei, à vontade de Deus; *de bondade*; de *ternura* e de *amizade particular pelas santas almas*: Jesus se revela aos dois santos, Simeão e Ana; de *segredo guardado* para a maioria das pessoas, *Jesus não se revelando a todos;* de *obscuridade, de vida desconhecida, de sujeição*; Jesus permanece um filho de pobres para toda Israel, exceto para pou-

---

224. Mt 20,28.

quíssimas pessoas! *Confiança* nas santas almas: mesmo permanecendo desconhecido para o mundo, Jesus se revela para Simeão, para Ana, para os pastores, para os magos, para os pais de São João Batista; *manifestação* de si mesmo ainda bem limitada, mas aumentando a cada evento de sua vida.

165 *"Não sabiam que devo me ocupar dos assuntos de meu Pai?" (Lc 2,49).*

Amor a Deus. *Obediência a Deus, conformidade à sua vontade, ...busca de sua glória, cumprimento do trabalho imposto por Ele; ...separação da família* para se dedicar totalmente a Ele, aos seus assuntos; atos interiores de *amor,* de *adoração,* de *oferenda.*

Amor aos homens. *Aplicação dos méritos a todos nós...* exemplo de *obediência a Deus,* de pura *busca de sua glória;* de *abandono de tudo, de família, de meios de existência,* de tudo o que *existe,* para se dedicar inteiramente a Deus e à sua obra (*apesar da aflição* dos pais (e que pais!) sem adverti-los, fugindo deles em segredo e *com doze anos*!)... Lição a todo cristão, para ensinar a todos que, quando não encontramos Jesus, é preciso buscá-lo no templo, diante do Santíssimo Sacramento, entre os doutores, os sacerdotes, *entre os padres da Santa Igreja autenticamente designados por ela para nos fazer conhecer sua santa vontade e sua doutrina.*

166 "Desceu com eles e foi para Nazaré, e lhes era submisso" (Lc 2,51).

Amor a Deus. *Obediência a Deus, conformidade à sua vontade...* atos interiores de *amor*, de *adoração*, de *oferenda...* vida de *trabalho*, de *pobreza*, de *penitência* e de *sujeição* abraçada por Ele.

Amor aos homens. *Aplicação dos méritos a todos nós... Rezar* por eles... "Obrigado, perdão, auxilie-nos", diz e torna a dizer por eles. *...Exemplo* de *obediência* a Deus, de *conformidade* à sua *vontade*, de *humildade*, de *trabalho*, de *pobreza*, de *penitência*, de *sujeição*, de *recolhimento*, de *solidão*, de *prece*, de uma das três vidas perfeitas cujo modelo Deus queria propor ao mundo, vida *obscura, retirada, humilde*, em constante *obediência a Deus, caridosa para com todos, devotada para com aqueles que a partilham, pobre, casta, penitente, laboriosa, pequena, vil, sujeita, desconhecida, perdida* e *oculta* aos olhos de todos, *silenciosa*, passada na *contemplação*, na *prece*, na *meditação*, ocupada em *servir* os outros nas mais vis ocupações, transcorrendo *desconhecida, ignorada* por todos, guardando apenas para Deus, sem deixar que ninguém o veja, como entre as altas muralhas de um "jardim fechado"[225], um braseiro de amor divino subindo até o céu e todas as virtudes interiores florescendo sem parar e formando um canteiro delicioso, fazendo um "paraíso de delícias"[226] de onde todos estão excluídos e reservado apenas a Deus... A *alegria em Deus*, o *reconhecimento de seus benefícios*, o *amor infinito de Deus*, o amor *terno*

---

225. Ct. 4,12.
226. Ez 28,13.

de todos na intenção de Deus, todas as virtudes espalhando um perfume celeste sobre esse divino jardim.

167 "Tendo Jesus sido batizado e rezando..." (Lc 3,21).

Amor a Deus. *Obediência a Deus, conformidade* à sua *vontade...* atos interiores de *amor,* de *adoração,* de *oferenda, prece, honra e deferência* dados aos seus ministros na intenção dele...

Amor aos homens. *Aplicação dos méritos... exemplos de obediência a Deus,* de *humildade,* de zelo em *purificar sua alma,* de *respeito,* de *honra* dados aos ministros de Deus, de zelo em receber os *sacramentos,* de prece depois de tê-los recebido, de cuidado em se colocar *entre os pecadores,* em se olhar como inferior aos enviados autênticos de Deus e em se *colocar abaixo deles,* de cuidado em dar aos fiéis *o exemplo de toda boa obra,* de toda atitude salutar, de toda obra que glorifica Deus, de preceito ou de conselho.

168 "Ele foi levado pelo Espírito ao deserto" (Lc 4,1).

Amor a Deus. *Obediência à sua vontade, conformidade* à sua *vontade...* atos interiores de *amor,* de *adoração,* de *oferenda... contemplação, sacrifício, solidão, desapego de tudo o que existe.*

Amor aos homens. *Aplicação dos méritos, prece, exemplo* de *solidão,* de *jejum,* de *penitência,* de *contemplação,* de *vigia,* de *resistência às tentações,* de *pobreza,* de *despojamento de tudo o que existe,* de *separação da família.*

169 "Ele ensinava nas sinagogas" (Lc 4,15).

Amor a Deus. *Obediência* à vontade, *conformidade* à vontade... atos interiores de *amor*, de *adoração*, de *oferenda*, *amor e evangelização de todos na intenção de Deus.*

Amor aos homens. *Aplicação dos méritos, prece, exemplo* de *trabalhos evangélicos*, de *trajetos*, de *missões*, de *pregações*, de *fadigas*, de *zelo das almas*, de *busca das ovelhas desgarradas; evangelização, conselhos, exortações, instruções, pregação.*

170 "Ele ensinava aos sábados" (Lc 4,31)

Amor a Deus. *Obediência* a Deus, *conformidade* à sua vontade... atos interiores de *amor*, de *adoração*, de *oferenda, amor e evangelização de todos* na intenção de Deus.

Amor aos homens. *Aplicação dos méritos, prece, exemplo* de vida *apostólica*, de *dedicação às almas*, de *zelo da glorificação de Deus* pelas almas, de *evangelização, conselhos, ensinamentos, exortações.*

171 "Cale-se e saia deste homem" (Lc 4,35).

Amor a Deus. *Obediência a Deus, conformidade à sua vontade; zelo pela sua glória* ao impedir um demônio de pregar a verdade, ofício do qual é indigno; *amor, obras de misericórdia* dirigidas a todos os seres, benefício para os corpos, para os corações e para as almas *na intenção de Deus.*

Amor aos homens. *Aplicação dos méritos; exemplo* de severidade para com o demônio a quem Ele proíbe de abrir a boca, ainda que proclame a verdade; não cabe ao demônio pregar, mas aos apóstolos; nunca se deve ouvi-lo, mas fazê-lo se calar e tapar os ouvidos mesmo quando, para nos fisgar e nos seduzir, ele nos diz boas e piedosas coisas... *cura de um possuído: benefício ao corpo e à alma desse homem e ao seu coração*, bem como às almas e aos corações dos presentes e daqueles que ao longo dos séculos conhecerão esse milagre adequado para consolar os corações pela visão suave de sua bondade e para aumentar em suas almas a *fé*, a *esperança* e a *caridade*.

172 *"Ele ordenou à febre e a febre o abandonou" (Lc 4,39).*

Amor a Deus. *Obediência a Deus, conformidade* à sua *vontade...* atos interiores de *amor*, de *adoração*, de *oferenda, amor a todos nós* na intenção de Deus.

Amor aos homens. Aplicação dos méritos, exemplo de bondade, de boas graças, de obras de misericórdia feitas prontamente, ao primeiro pedido, com amabilidade, completamente, benefício para o corpo dessa mulher, para as almas e os corações de todos que já conheceram e conhecerão esse milagre.

173 *"Impondo-lhes as mãos, Ele a todos curava" (Lc 4,40).*

Amor a Deus. *Obediência a Deus, conformidade* à sua *vontade...* atos interiores de *amor*, de *adoração*, de *oferenda; amor e caridade para todos* na intenção de Deus.

Amor aos homens. *Aplicação dos méritos, prece, exemplos de bondade, de caridade, de amor pelo próximo, de obras de misericórdia* para as *almas*, para os *corações* e para os *corpos*, feitas ao primeiro pedido, sem *cansaço, graciosa e completamente*; *cura* dos doentes – fazendo o bem não só aos corpos, mas aos corações e às almas; não só aos curados, mas a muitos outros; não só no presente, mas até o fim do mundo.

*174 "Sentado no barco, Ele instruía dali a multidão"
(Lc 5,3).*

Amor a Deus. *Obediência a Deus, conformidade à sua vontade...* atos interiores de *amor*, de *adoração*, de *oferenda, amor e evangelização* de todos na intenção de Deus.

Amor aos homens. *Aplicação dos méritos, prece, exemplo de evangelização amorosa, infatigável, graciosa, prática,* em que se procura *apenas a glória de Deus* e nunca o próprio interesse; *zelo das almas, evangelização.*

*175 "Não tema, agora você será pescador de homens"
(Lc 5,10).*

Amor a Deus. *Obediência a Deus, conformidade à sua vontade...* atos interiores de *amor*, de *adoração*, de *oferenda, amor, bondade, benefícios* para todos e *fundação da Igreja* na intenção de Deus.

Amor aos homens. *Aplicação dos méritos; prece; exemplos de bondade, de doçura, de boa graça, de amor por* *todos*, o *bem* feito às *almas* dos presentes e daqueles que até o fim dos tempos deviam conhecer esse milagre, por meio dessa pesca milagrosa; o *bem* feito às *almas* pelo começo da fundação da Igreja.

176 "Eu quero, seja curado" (Lc 5,13).

Amor a Deus. *Obediência a Deus, conformidade à sua vontade...* atos interiores de *amor*, de *adoração*, de *oferenda*, *amor* e *benefícios* para todos na intenção de Deus.

Amor aos homens. *Aplicação dos méritos; prece; exemplos de caridade, de bondade de doçura, de obras de misericórdia*, feitas *amavelmente* ao *primeiro pedido, completamente;* o bem feito ao corpo do leproso e aos corações e às almas de todos os homens presentes e futuros pela fé, pela esperança e pela caridade que essa cura coloca em suas almas.

177 "Homem, seus pecados estão perdoados" (Lc 5,20).

Amor a Deus. *Obediência a Deus, conformidade à sua vontade...* atos interiores de *amor*, de *adoração*, de *oferenda, amor* e *benefícios* espirituais para todos na intenção de Deus.

Amor aos homens. *Aplicação dos méritos; prece; exemplo* de *caridade*, de *caridade zelada, perseverante, amável*, derramando-se em *benefícios*, sempre feita para as necessidades das almas muito antes das necessidades dos corpos; *purificação espiritual* desse doente.

178 "O que pensam em seus corações" (Lc 5,22).

Amor a Deus. *Obediência a Deus, conformidade à sua vontade...* atos interiores de *amor,* de *adoração,* de *oferenda, amor* e *benefícios* espirituais para todos na intenção de Deus.

Amor aos homens. *Aplicação dos méritos; prece; exemplos* de *coragem,* de *força,* de *caridade retomando, corrigindo,* de *caridade discutindo, demonstrando, provando* a verdade, de *caridade fazendo recriminações* para o bem das almas, de *caridade* entrando em *discussões* para demonstrar aos incrédulos a verdade; *benefícios espirituais* feitos às almas por meio de recriminações salutares.

179 "Levante-se, tome seu leito e volte para casa" (Lc 5,24).

Amor a Deus. *Obediência a Deus, conformidade à sua vontade;* atos interiores de *amor,* de *adoração,* de *oferenda, contemplação* de *Deus; amor por todos* e *benefícios espirituais e temporais* para todos na intenção de Deus.

Amor aos homens. *Aplicação dos méritos; prece; exemplos* de *benefícios espirituais* e *materiais,* os primeiros sempre antes *dos segundos,* os segundos feitos principalmente para o *bem das almas; exortações, recriminações, ensinamentos, demonstrações da verdade; cura material, consolação* do doente, dos presentes, de todos aqueles que conhecem esse milagre, *fé, esperança, caridade* derramadas sobre todas as almas que o conheceram e o conhecerão.

180 "Ele viu um publicano chamado Levi sentado no balcão e lhe disse: 'Siga-me'" (Lc 5,27).

Amor a Deus. *Obediência a Deus, conformidade* à sua *vontade; contemplação; atos de amor,* de *adoração,* de *oferenda, amor por todos os seres* e *benefícios inefáveis* para todos na intenção de Deus.

Amor aos homens. *Aplicação dos méritos; prece; exemplo* dos *maiores benefícios espirituais,* como a vocação ao apostolado, à vida religiosa; exemplo de *humildade, de sujeição,* escolhendo como companheiro um publicano; *benefício infinito da vocação religiosa* para São Mateus; benefício espiritual por lhes ter *oferecido um apóstolo,* a todas as almas a quem são Mateus fará o bem; *encorajamento* para todas as almas que conhecerão essa vocação, pela visão de uma graça tão grande feita a um pescador, a um homem desprezado, a um publicano...

181 "São os doentes, não os sadios que necessitam de médico. Não vim chamar para a penitência os justos, mas os pecadores" (Lc 5,31-32).

Amor a Deus. *Obediência a Deus, conformidade* à sua *vontade; contemplação;* atos interiores de *amor,* de *adoração,* de *oferenda de si, amor por todos* e *benefícios* para todos na intenção de Deus.

Amor aos homens. *Aplicação dos méritos; preces; exemplo de defesa* daqueles pelos quais somos responsáveis, dos inocentes, de *caridade* sempre para os mais necessitados e não para os menos necessitados; *ensinamento* de que é preciso socorrer, aliviar, *espiritual* e *temporalmente,* sempre dessa maneira: primeiro os mais necessitados, os mais pecadores, os mais ignorantes, os mais pobres, os mais infelizes, os mais doentes; e *só depois* os menos necessitados, os justos, aqueles que são instruídos com as verdades da fé, os ricos, os saudáveis, os felizes: "Quando fizer uma festa não convide os irmãos, nem os pais, nem os amigos, nem os vizinhos, se forem ricos, mas os pobres, os mancos, os cegos, os mendigos"[227]. ...É preciso cuidar dos membros feridos de Jesus antes de perfumar os membros sadios. ...Mas isso não nos impede de cuidar particularmente daqueles membros que Jesus nos encarregou de cuidar, isto é, daqueles que neste mundo estão mais próximos de nós pelos laços naturais e espirituais.

182 *"O Filho do Homem é Senhor também do sábado" (Lc 6,5).*

Amor a Deus. *Obediência a Deus, conformidade* à sua *vontade; contemplação*; atos interiores de *amor*, de *adoração*, de *oferenda de si, amor* por todos e benefícios para todos na intenção de Deus.

Amor aos homens. *Aplicação dos méritos; preces; exemplo* de *defesa* daqueles que nos são confiados, dos inocentes; exemplo de *evangelização, de exortação, defesa* dos discípulos contra aqueles que os atacam, defesa *imediata, eficaz, enérgica, suficiente, bastante forte* para repelir completamente os atacantes e *bastante suave* para não ser mais dura do que o necessário; *emprego da força* justa na medida necessária, *o suficiente* para defender perfeita-

---

227. Lc 14,21.

mente os discípulos, e *só a necessária* para tal; *evangelização* dos atacantes, dos discípulos, de todas as gerações futuras, busca contínua de *fazer o bem* a todas as almas, de *santificar* todas as almas, sem exceção, presentes e futuras: "Vim acender um fogo sobre a terra"[228].

183 *"Ele entrou na sinagoga e ensinou" (Lc 6,6)*

Amor a Deus. *Obediência a Deus, conformidade* à sua *vontade; contemplação*; atos interiores de *amor*, de *adoração*, de *oferenda de si, busca de sua glória; amor* por todos e benefícios para todos na intenção de Deus; atos exteriores de *prece* e de *culto*.

Amor aos homens. *Aplicação dos méritos; prece; exemplo de caridade, de evangelização, de prece, de culto público; evangelização.*

184 *"Estenda a mão; ele o ouviu e foi curado" (Lc 6,10).*

Amor a Deus. *Obediência a Deus, conformidade* à sua *vontade; contemplação*; atos interiores de *amor*, de *adoração*, de *oferenda de si, busca de sua glória; amor por todos* e *benefícios* para todos na intenção de Deus.

Amor aos homens. *Aplicação dos méritos; prece, exemplo* de *caridade* e do *bem feito* às almas e aos corpos; *caridade* espiritual e temporal; *cura* corporal; *exortação.*

---

228. Lc 12,49.

185 "*Ele passou a noite rezando para Deus*" *(Lc 6,12).*

Amor a Deus. *Obediência a Deus, conformidade* à sua *vontade; vontade de seu bem; contemplação*; atos interiores de *amor*, de *adoração*, de *oferenda; prece.*

Amor aos homens. *Aplicação dos méritos; prece; exemplo* de prece e de vigília.

186 "*Ele chamou seus discípulos e escolheu doze dentre eles, e os chamou de apóstolos*" *(Lc 6,13).*

Amor a Deus. *Obediência a Deus, conformidade* à sua *vontade; vontade de seu bem; contemplação*; atos interiores de *amor*, de *adoração*, de *oferenda; amor* por todos e *benefícios* para todos na intenção de Deus.

Amor aos homens. *Aplicação dos méritos; prece; exemplo de zelo* e de *trabalhos* para a glória de Deus, para a edificação da Igreja, para a santificação das almas; *benefícios para todos* ao fundar a hierarquia na Igreja com a escolha dos apóstolos; *benefícios aos apóstolos* ao escolhê--los para uma missão que lhes vale tantas graças e valerá tanta glória.

187 "*Uma virtude saía dele e curava todos eles*" *(Lc 6,19).*

Amor a Deus. *Vontade do bem de Deus; obediência a Deus, conformidade* à sua *vontade; vontade de seu bem; contemplação*; atos interiores de *amor*, de *adoração*, de *oferenda. Zelo para fazê-lo conhecido e amado. Amor* por todos e *benefícios* para todos na intenção de Deus.

Amor aos homens. *Aplicação dos méritos; prece; exemplos de zelo* e de trabalhos para a glória de Deus, de *amor* e de *benefícios* para todos; *benefícios temporais* para todos os que são curados; *benefícios espirituais* para aqueles que são curados, para os presentes, para todos aqueles que pelos séculos conheceram esses milagres que acendem ou aumentam a fé, a esperança e a caridade nas almas de todos; *ensinamento* sobre como praticar a caridade, a beneficência, pois devemos praticá-la não apenas com os dignos, os conhecidos, os fiéis, os amigos, mas com *todos os necessitados* sem exceção, estrangeiros, infiéis, indignos, ímpios, inimigos, dando sem questionar a qualquer um que precise. ...Não é a todos eles que damos, é a Jesus[229] ...e se são maus, esse benefício poderá enternecê-los e levá-los à conversão... Demos então a quem pedir, a quem necessitar, mesmo que ele não peça, e não questionemos antes de dar o benefício, pois o pedido ou a necessidade bastam: "Dê a quem pede...[230] Tive fome e você me alimentou"[231].

188 "Bem-aventurados os pobres... Bem-aventurados os que têm fome... Bem-aventurados os que choram... Bem-aventurados os que são odiados e repelidos como maus" (Lc 6,20-22).

Bem-aventurados não apenas quando tiverem de sofrer essas coisas por causa do nome de Jesus, mas também quando ao sofrê-las injustamente, por uma causa qual-

---

229. Cf. Mt 25,40.
230. Mt 5,42.
231. Mt 25,35.

quer, vocês agradecem a Deus e as abençoam, como se as permitissem, pois desse modo vocês sofrem *para* Deus.

Amor a Deus. *Vontade do bem de Deus; obediência a Deus, conformidade* à sua *vontade; contemplação*; atos interiores de *amor*, de *adoração*, de *oferenda; zelo para* santificar as almas; *amor* a todos, *benefícios espirituais* para todos na intenção de Deus.

Amor aos homens. *Aplicação dos méritos; prece; exemplo de zelo* e de *trabalhos* para a glória de Deus, de *amor* e de *benefícios* para todos; *evangelização* e *consolação*, não apenas dos presentes, mas de todas as almas futuras. ...Desse modo, quando evangelizamos e consolamos, evangelizamos e consolamos não só aqueles a quem falamos, mas talvez muitos outros, pois ninguém sabe até que ponto nossas palavras serão repetidas!

189 "Eu digo a vocês, a todos que me ouvem: 'Amem seus inimigos, façam o bem àqueles que os odeiam. Abençoem aqueles que os amaldiçoam e rezem por aqueles que os caluniam'" (Lc 6,27-28).

Amor a Deus. Esses preceitos contêm de certa maneira aquele do amor de Deus, uma vez que, como todo preceito divino, encerram o mandamento de *obedecer* a Deus e, certamente, *obedecer-lhe* com *amor*.

Amor aos homens. Deus, Pai da grande família humana: "Vocês são todos irmãos... Há um único Pai que está no céu"[232], que a ama todos os seus filhos

---

232. Mt 23,8-9.

e quer ver entre todos eles essa paz, essa união, essa harmonia, essa caridade fraternal que um bom pai quer ver reinar entre todos os seus filhos; para isso é preciso que, se um deles for pecador, mau ou injusto, os outros o perdoem e lhe cedam toda vez que puderem sem pecado, é isso o que Ele prescreve com os mandamentos presentes e os seguintes. *Amem a seus irmãos, mesmo os injustos; façam-lhes o bem, os abençoem* dizendo-lhes e dizendo sobre eles boas palavras, *rezem* por eles.

190 *"Se baterem em uma face estenda a outra" (Lc 6,29).*

Amor a Deus. Esse preceito ordena o *amor a Deus*, uma vez que ordena o amor por todos *na intenção de Deus*.

Amor aos homens. "Vocês são todos irmãos... têm um único Pai"[233]. ...*Paz, harmonia, amor fraternal* entre todos os homens, todos os filhos do Pai celeste; para isso, se um dos irmãos é mau, "não resistir ao mal[234], ceder a esse mau, suportar todo o mal que ele quiser, em vez de bater-lhe, de não ter ternura por ele, de deixar de ser um terno irmão para ele, de perturbar com essa resistência a paz e a doçura infinita que devem existir entre irmãos desse Pai: "A caridade suporta tudo"[235].

---

233. Mt 23,8-9.

234. Mt 5,39.

235. 1Cor 13,7.

*191 "Se alguém pega seu manto não o impeça de pegar
também sua túnica" (Lc 6,29).*

Amor a Deus. Por *amor a Deus* é preciso obedecer
sem medida (*in mandatis Ejus cupit nimis*)[236] a todos os
seus mandamentos, especialmente aqueles que ordenam
o amor pelo próximo e a manutenção a todo custo da
paz com ele, tanto quanto possível sem pecar.

Amor aos homens. Deixar-nos despojar por qualquer um que queira nos despojar à força; é nosso irmão,
nosso irmão injusto, mas nosso irmão querido, com
quem é preciso ficar em paz cedendo-lhe, que é preciso
reconduzir a Deus mostrando-lhe nossa mansidão, que
é preciso fazer enrubescer pela sua cupidez e pela sua
violência mostrando-lhe nosso desapego e nossa mansidão... a quem é preciso pregar Jesus, mostrando-lhe
em nós, em nossa conduta, a imagem e a doutrina do
Bem-amado Salvador que se deixou despojar e crucifi-
car sem resistência, Ele que merecia todo o respeito e a
quem tudo se devia! ...Imitemos nosso divino modelo:
deixemo-nos despojar de tudo "sem resistir ao mal"[237],
seguindo seu exemplo, em vez de contestarmos, de nos
defendermos, de procurarmos guardar nosso bem, pois
ganharemos muito mais com essa perda; um ato de virtude não vale mil vezes mais do que todos os bens materiais reunidos? Abandonar para obedecer a Jesus, sua
palavra, seu exemplo, o Evangelho, bens por maiores
que sejam, não é colocá-los no céu?

---

236. Ele se compraz em seguir seus preceitos (Sl 3,1).

237. Mt 5,39.

192 *"Dê a quem pedir" (Lc 6,30).*

Amor a Deus. Amar a todos os homens *na intenção de Deus*, porque os ama, porque ordena amá-los, porque são sua obra, feitos à sua imagem, porque de alguma forma participam da bondade divina pela bondade que Deus colocou neles, porque são o preço do sangue de Jesus, membros de Jesus, templos do Espírito Santo, porque *Jesus vive neles* por sua graça, porque *tudo o que lhes fazemos, fazemos a Jesus...* Amá-los a ponto de dar a quem pedir.

Amor aos homens. *Dar a quem pedir...* Não está dito para dar tanto quanto for pedido nem para dar tudo o que temos, e sim para dar *alguma coisa* com bondade e ternura a *quem pedir...* O que, quanto dar a quem pede? *Demos o que julgamos conscientemente o que nosso Senhor teria dado se estivesse em nosso lugar* – Jesus nos dá a seguinte regra: fazer ao outro o que gostaríamos que nos fizessem.

193 *"Àquele que toma seu bem não o reclame" (Lc 6,30).*

Amor a Deus. Obedeça fielmente a esse preceito que lhe dou, por amor a mim! ...para me *obedecer...* e para me *imitar...* e porque *"tudo o que você faz a um homem você o faz a mim"*[238] ...por *desapego* a tudo o que não for *eu*.

Amor aos homens. *Paz, união, caridade, harmonia, concórdia, amor fraternal, ternura fraternal* para com todos, a qualquer preço (*com exceção do pecado*), mesmo ao preço de todos os bens. Todos os bens materiais e toda

---

238. Cf. Mt 25,40.

a criação material vale infinitamente menos do que um ato de virtude... sacrificar de um jeito ou de outro seus bens por amor a mim é o único meio de gozá-lo eternamente. ...Tudo o que existe comparado a mim é como se não existisse: você pediria ao *seu irmão*, por quem *morri*, a quem tanto *ordenei* que amasse, que é *membro* de mim, em quem *eu vivo*, em quem você deve *me ver*, aquilo que é como se não existisse, o nada, o vazio, um nada que só está emprestado, uma vez que na morte (talvez daqui a pouco) você terá não apenas de *abandoná-lo*, mas também de *prestar contas*. Você é um criado, encarregado de administrar os bens que eu confio a você, não conforme à sua vontade, mas segundo minhas ordens.

194 *"Assim como quer que os homens façam para você, faça-lhes o mesmo" (Lc 6,31).*

Amor a Deus. Cumpramos esse mandamento por amor a Deus! É fácil; não podemos usar como pretexto a ignorância, a consciência nos ensina; cada um sabe perfeitamente o que Ele quer que lhe façamos.

Amor aos homens. Façamos o que queremos que nos façam, o que amamos que nos façam, o que aprovamos, o que *consideramos bom e bem* que nos façam; o que *consideramos bem* que os outros nos façam, e esse *será o bem* que lhe faremos. *Consideramos bem* que nos amem, que nos tenham bons *sentimentos, boas palavras, doçura, caridade, ternura, afeição, boa graça, justiça, confiança, respeito, em pensamentos, em palavras e em ações, compaixão, comprazer, terno interesse, devotamento, misericórdia, clemência, discrição, benevolência, delicadas atenções, generosidade, esquecimento dos erros* etc., façamos assim aos outros.

195 *"Amem seus inimigos" (Lc 6,35).*

Amor a Deus. Amem a Deus amando seus inimigos na intenção de Deus.

Amor aos homens. Amem seus inimigos *do fundo do coração*, como *membros de Jesus*, membros doentes, feridos, mas apesar da lepra que os recobre, sempre membros de Jesus; como *instrumentos divinos* que não nos odeiam, não nos querem e não nos fazem mal na medida em que Deus o permite, e dos quais Deus se serve para nos fazer o bem: "Tudo o que acontece é para o bem daqueles que amam a Deus"[239]; como *irmãos queridos* que nosso Pai comum ama, mesmo que sejam maus nesse momento, pois são capazes de voltar a ser bons, e devemos desejá-lo e trabalhar para isso; como *companheiros de nossa bem-aventurada eternidade*, pois também são chamados a serem santos e a amar a Deus eternamente no céu!... como aqueles que *Jesus tanto nos recomendou durante sua ceia*, como aqueles que Ele *amou a ponto de resgatá-los com seu sangue*, como aqueles que Ele *nos ordena, aqui mesmo*, tão formalmente de amar.

196 *"Façam o bem e emprestem sem nada esperar de volta... Assim serão os filhos do Altíssimo, generoso com os ingratos como com os maus" (Lc 6,35).*

Amor a Deus. Para o amor a Deus *façamos o bem*, mesmo aos ingratos e aos maus, e *emprestemos* mesmo aos que sabemos que não nos devolverão... na intenção *de Deus*, por *amor a Deus*, por *obediência à sua palavra*, por *imitação de seu exemplo*.

---

239. Rm 8,28.

Amor aos homens. *Fazer o bem, mesmo aos ingratos e aos maus; emprestar, mesmo aos que certamente não nos devolverão...* como Deus faz ao dar os bens exteriores da conservação etc. ...e os bens interiores da graça a todos nós, mesmo aos maiores pecadores... que empresta suas graças, mesmo aos que sabe infalivelmente que não as devolverá, mas que irão de ingratidão em ingratidão até amaldiçoá-lo eternamente.

197 "Sejam misericordiosos como o vosso Pai é misericordioso" (Lc 6,36).

Amor a Deus. *Amar a Deus* praticando de todo nosso coração a misericórdia com o próximo *na intenção dele, para obedecer-lhe, para imitá-lo, por causa do amor que Ele tem por todos nós, porque a misericórdia, atributo divino, é infinitamente bela e digna de ser praticada por si mesma como pertencente à essência de Deus.*

Amor aos homens. *Ser misericordioso* de pensamentos, de palavras e de ações... e *pregar a misericórdia* com exemplos, e quando Deus quiser, *com palavras.* ...Ser misericordioso é *inclinar seu coração para os miseráveis,* os miseráveis espiritual, intelectual e materialmente... para os maus, os loucos e os ignorantes, os pobres, os doentes, os sofredores; para todos os infelizes, todos os necessitados, quer reconheçam ou não seus males e suas necessidades, quer peçam, ou não nosso auxílio – Deus nos pede isso de uma vez por todas, quer mereçam ou não misericórdia – Deus a merece e a ordena para todos. ...Sejamos misericordiosos e preguemos a misericórdia; ensinemo-la e pratiquemo-la: para com as almas, os espíritos, os corações, os corpos... em pensamento, em palavra e em ação... Como Deus, como Jesus a praticam e a ensinam... como desejamos que Deus e Jesus a pratiquem conosco e nos ensinem a praticá-la.

198 *"Não julgue, e não será julgado" (Lc 6,37).*

Amor a Deus. Não julguemos os outros, por *amor a Deus*, para lhe obedecer, para agradá-lo, para estar unido a Ele nesta vida pela pureza de alma, e na outra, o mais cedo possível, pela glória.

Amor aos homens. Não julguemos o próximo, por amor a Ele, amor que devemos ter *na intenção de Deus* que o ama e que nos ordena a amá-lo. Mas quando amamos alguém não o julgamos, mas rezamos por ele; desejamos seu bem, não nos detemos para saber se ele faz bem ou mal (a não ser que estejamos especialmente encarregados para isso), fazemos o que podemos para que ele se santifique o mais possível, abençoando Deus por suas virtudes e fechando os olhos para os defeitos presentes (quando não estamos encarregados de corrigi-los).

199 *"Não condene, e não será condenado" (Lc 6,37).*

Amor a Deus. Não condenemos os outros (a menos que a vontade de Deus faça disso um dever), por *amor a Deus*, para obedecer-lhe, para agradá-lo, para vê-lo, para imitar Jesus, "que veio para salvar, e não para julgar"[240].

---

240. Lc 9,56.

Amor aos homens. Não condenemos os outros *por amor a eles* (na intenção *de Deus* que os ama como um Pai ama seus filhos, que deu seu sangue na cruz por eles, que nos ordena amá-los); quando amamos não condenamos, mas toleramos, somos indulgentes, desculpamos, explicamos amigavelmente, aceitamos, sempre que possível; quando não é, esperamos a conversão, pedimo-la a Deus e, como Mônica, lamentamos o culpado por amor, em vez de condenar como um juiz. ...Olhar os pecados dos outros, por mais graves que sejam, quando são evidentes, *como Mônica olhava os de Agostinho*; nos dirigirmos aos pecadores *como ela para ele.*

200 *"Perdoe, e será perdoado" (Lc 6,37).*

Amor a Deus. *Perdoemos*, por *amor a Deus*, para *obedecer-lhe, imitá-lo, agradá-lo, estar unido* a Ele neste mundo pela conformidade de vontade, e por essa pureza que vem após o perdão de nossos erros... e no outro pela glória que vem após o perdão, e enfim por *amor aos homens* na intenção de Deus.

Amor aos homens. *Perdoemos* também *por amor aos homens*, na *intenção de Deus* (que nos *ordena* amá-los, dá-nos o exemplo, preza-os como um pai preza seus filhos; declara-nos que "tudo o que lhes fazemos, fazemos a Ele"[241], que são seus próprios membros, porções dele mesmo). ...Quando amamos, perdoamos: "A caridade suporta tudo, perdoa tudo..."[242], não apenas perdoamos,

---

241. Cf. Mt 25,40.

242. 1Cor 13,7.

mas pedimos perdão por eles... Quando nos ofendem, perdoamos como perdoamos tudo de um ser apaixonadamente amado... Lembremo-nos também que essa ofensa é permitida por Deus; portanto, desejada por Ele de uma certa maneira e destinada a fazer o bem à nossa alma; ao perdoar de todo coração o *instrumento divino* que nos ofendeu, *agradeçamos profundamente* a Deus pelo benefício enviado ao permiti-la para o nosso bem, e nos esforcemos para dela retirar, como de uma fonte fecunda, todo o benefício possível para nossa alma; o primeiro será certamente fazer desse ato um *perfeito perdão* que agrada tanto Deus.

201 "Dê, e lhe será dado; ...A medida que você usar será usada para você" (Lc 6,38).

Amor aos homens. Dê a todos na medida que desejar que Deus lhe dê: dê-lhes seu amor, seu coração, sua bondade, seus cuidados espirituais e temporais na medida em que desejar que Deus lhe dê os seus... Dê-lhes tudo de que precisam para sua alma e seu corpo, na medida em que desejar que Deus os dê para você... Satisfaça sempre seus pedidos na medida em que desejar que Deus satisfaça os seus... Faça para eles tudo o que desejar que Deus faça para você... "A medida que você usar será usada para você".

Série **Clássicos da Espiritualidade**
– *A nuvem do não saber*
Anônimo do século XIV
– *Tratado da oração e da meditação*
São Pedro de Alcântara
– *Da oração*
João Cassiano
– *Noite escura*
São João da Cruz
– *Relatos de um peregrino russo*
Anônimo do século XIX
– *O espelho das almas simples e aniquiladas e que permanecem somente na vontade e no desejo do Amor*
Marguerite Porete
– *Imitação de Cristo*
Tomás de Kempis
– *De diligendo Deo – "Deus há de ser amado"*
São Bernardo de Claraval
– *O meio divino – Ensaio de vida interior*
Pierre Teilhard de Chardin
– *Itinerário da mente para Deus*
São Boaventura
– *Teu coração deseja mais – Reflexões e orações*
Edith Stein
– *Cântico dos Cânticos*
Frei Luís de León
– *Livro da Vida*
Santa Teresa de Jesus
– *Castelo interior ou Moradas*
Santa Teresa de Jesus
– *Caminho de perfeição*
Santa Teresa de Jesus
– *Conselhos espirituais*
Mestre Eckhart
– *O livro da divina consolação*
Mestre Eckhart
– *A nobreza da alma humana e outros textos*
Mestre Eckhart
– *Carta a um religioso*
Simone Weil
– *De mãos vazias – A espiritualidade de Santa Teresinha do Menino Jesus*
Conrado de Meester
– *Revelações do amor divino*
Juliana de Norwich
– *A Igreja e o mundo sem Deus*
Thomas Merton
– *Filoteia*
São Francisco de Sales
– *A harpa de São Francisco*
Felix Timmermann
– *Tratado do amor de Deus*
São Francisco de Sales
– *Espera de Deus*
Simone Weil
– *Contemplação num mundo de ação*
Thomas Merton
– *Pensamentos desordenados sobre o amor de Deus*
Simone Weil
– *Aos meus irmãozinhos*
Charles de Foucauld